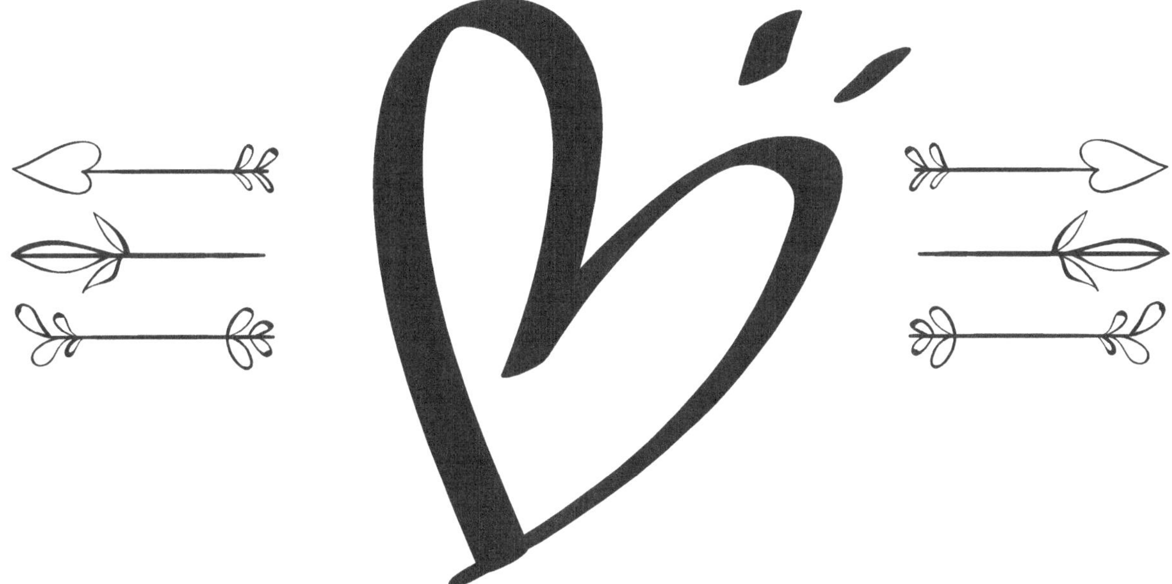

Ce Livre

Appartient à

FUSÉE LIVRE DE COLORIAGE

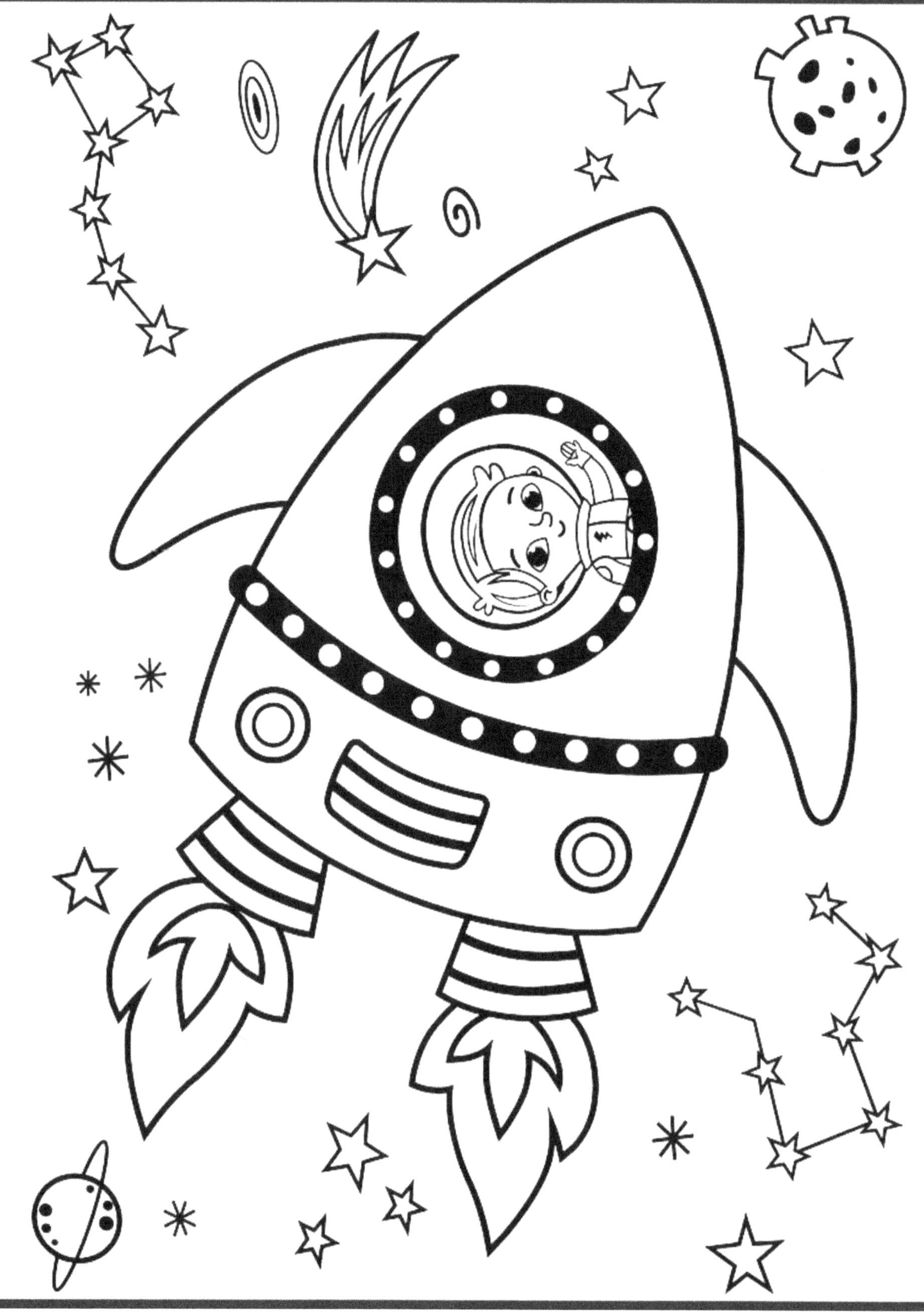

FUSÉE LIVRE DE COLORIAGE

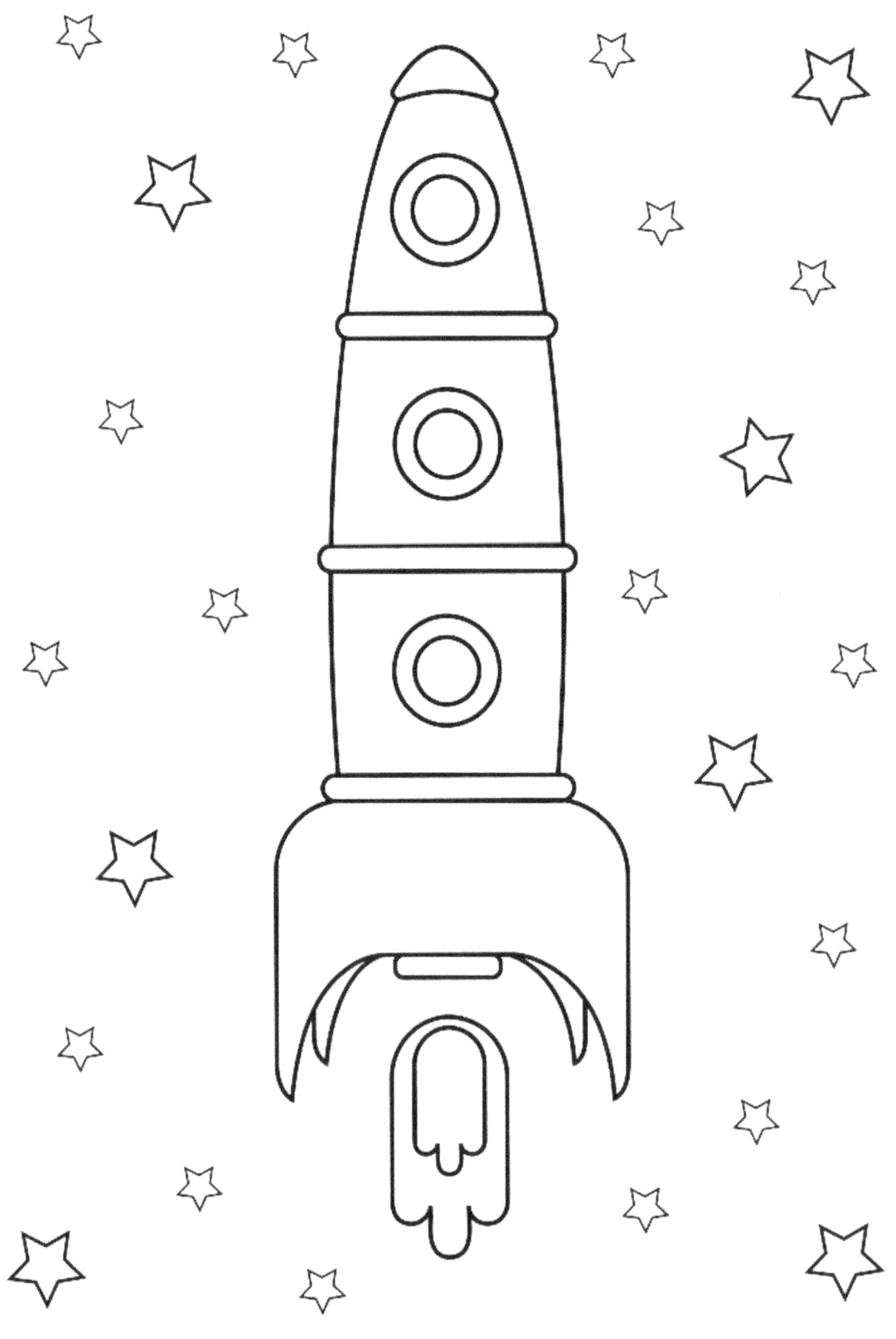

FUSÉE LIVRE DE COLORIAGE

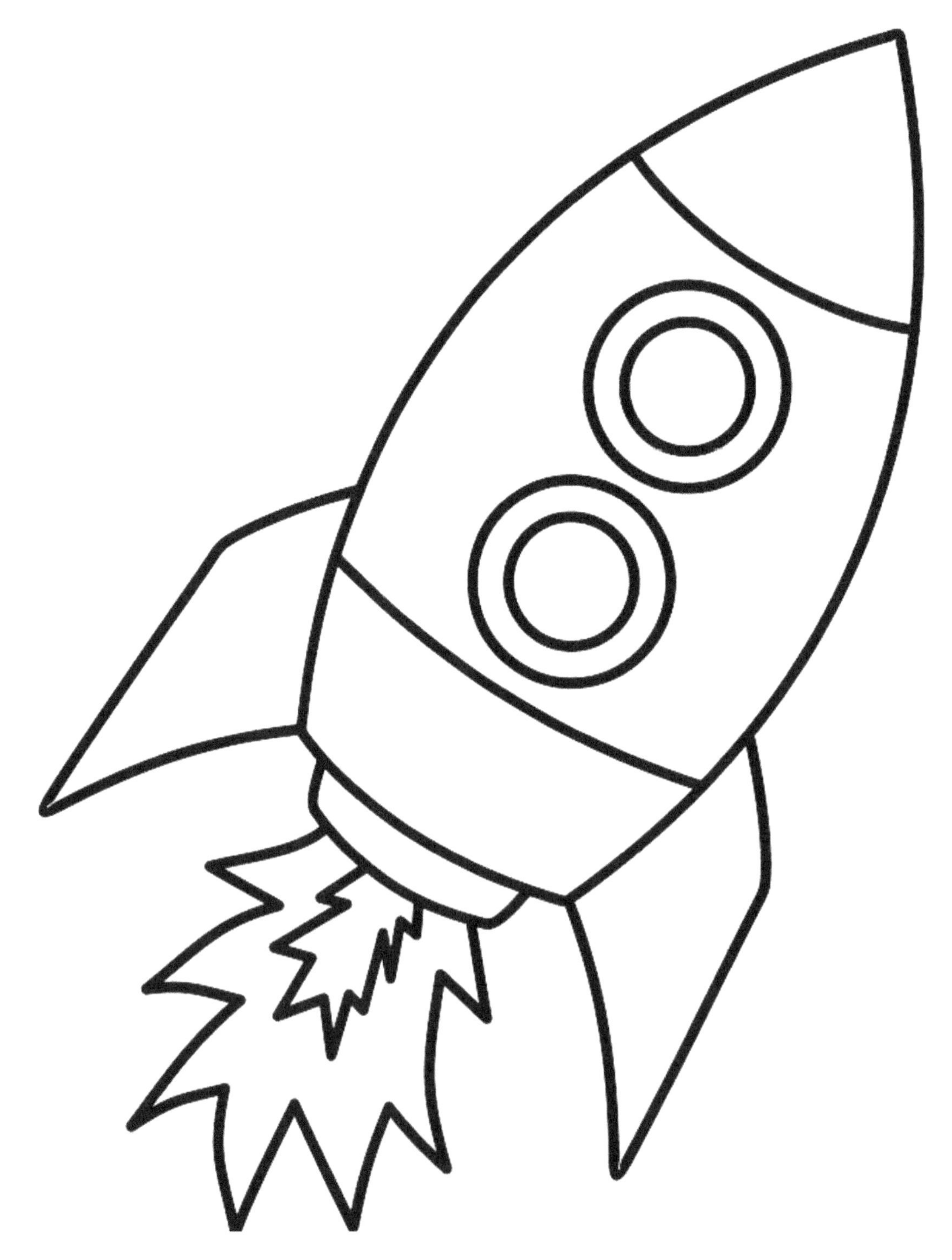

FUSÉE LIVRE DE COLORIAGE

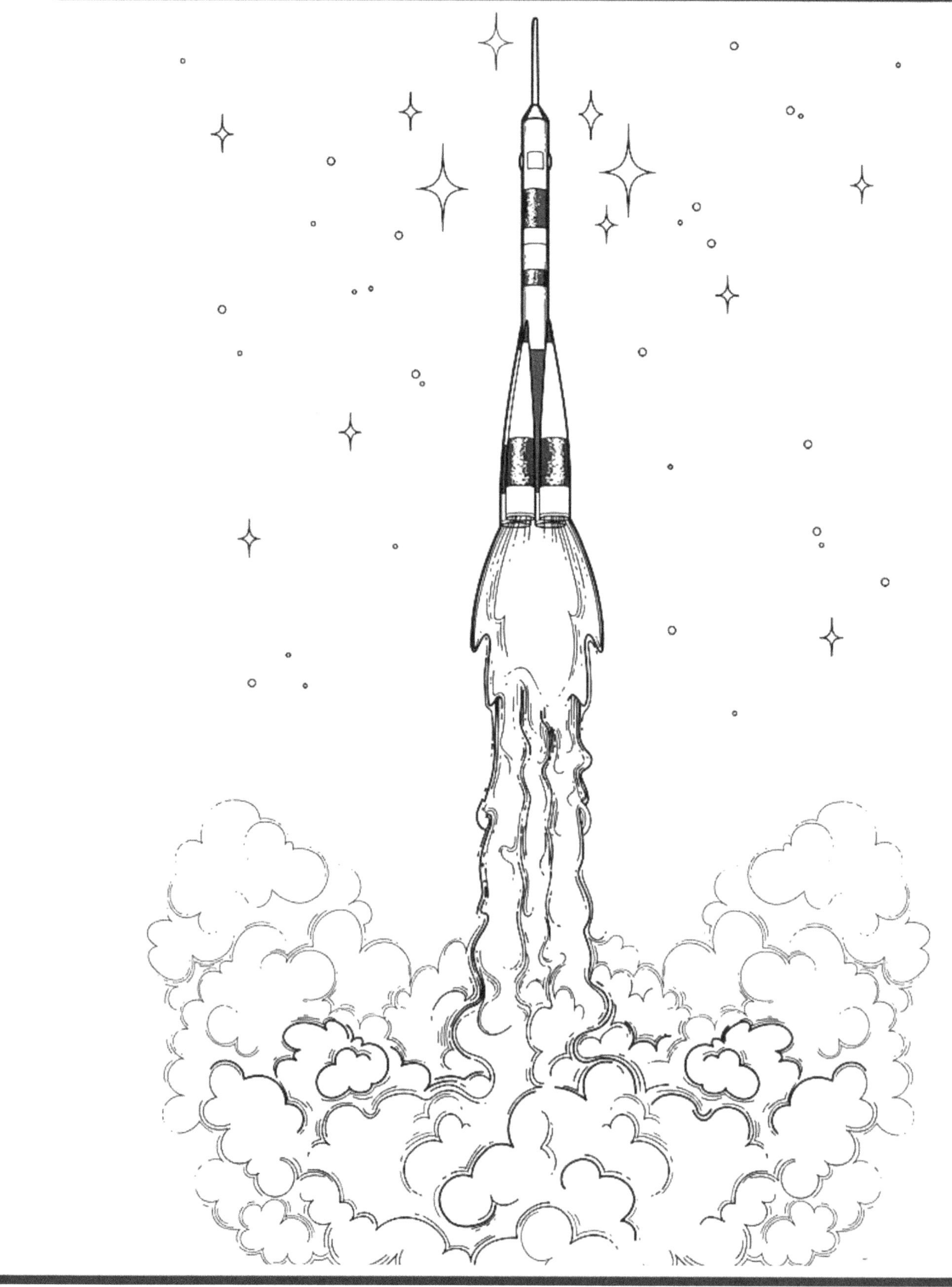

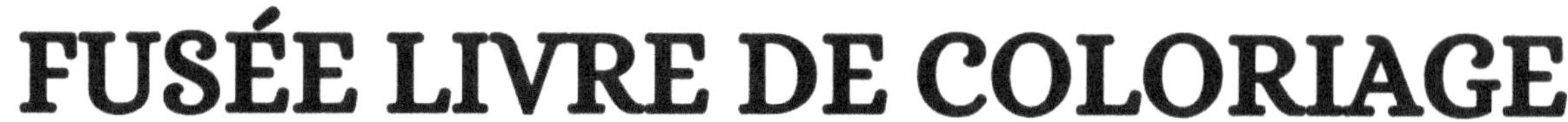

FUSÉE LIVRE DE COLORIAGE

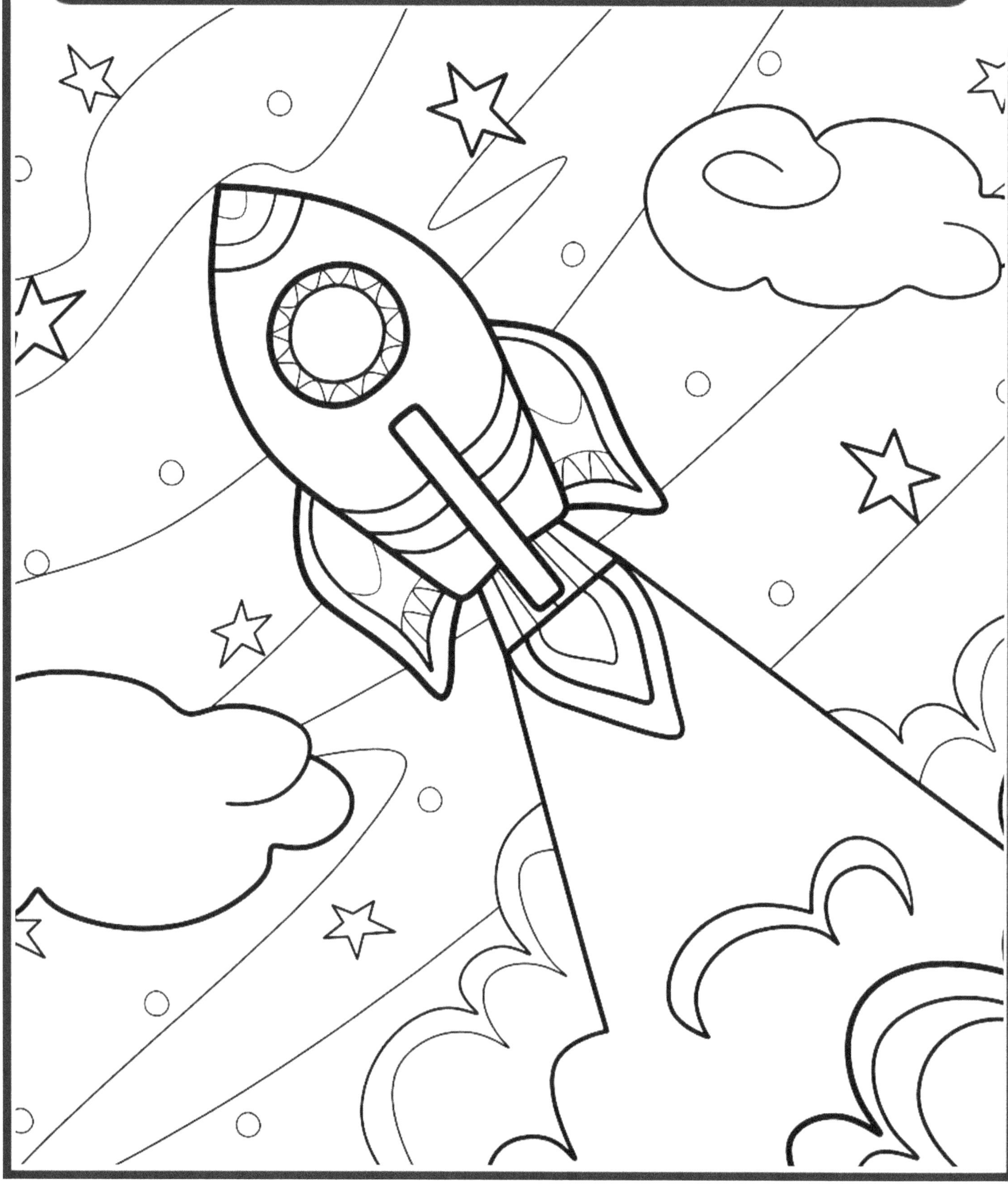

FUSÉE LIVRE DE COLORIAGE

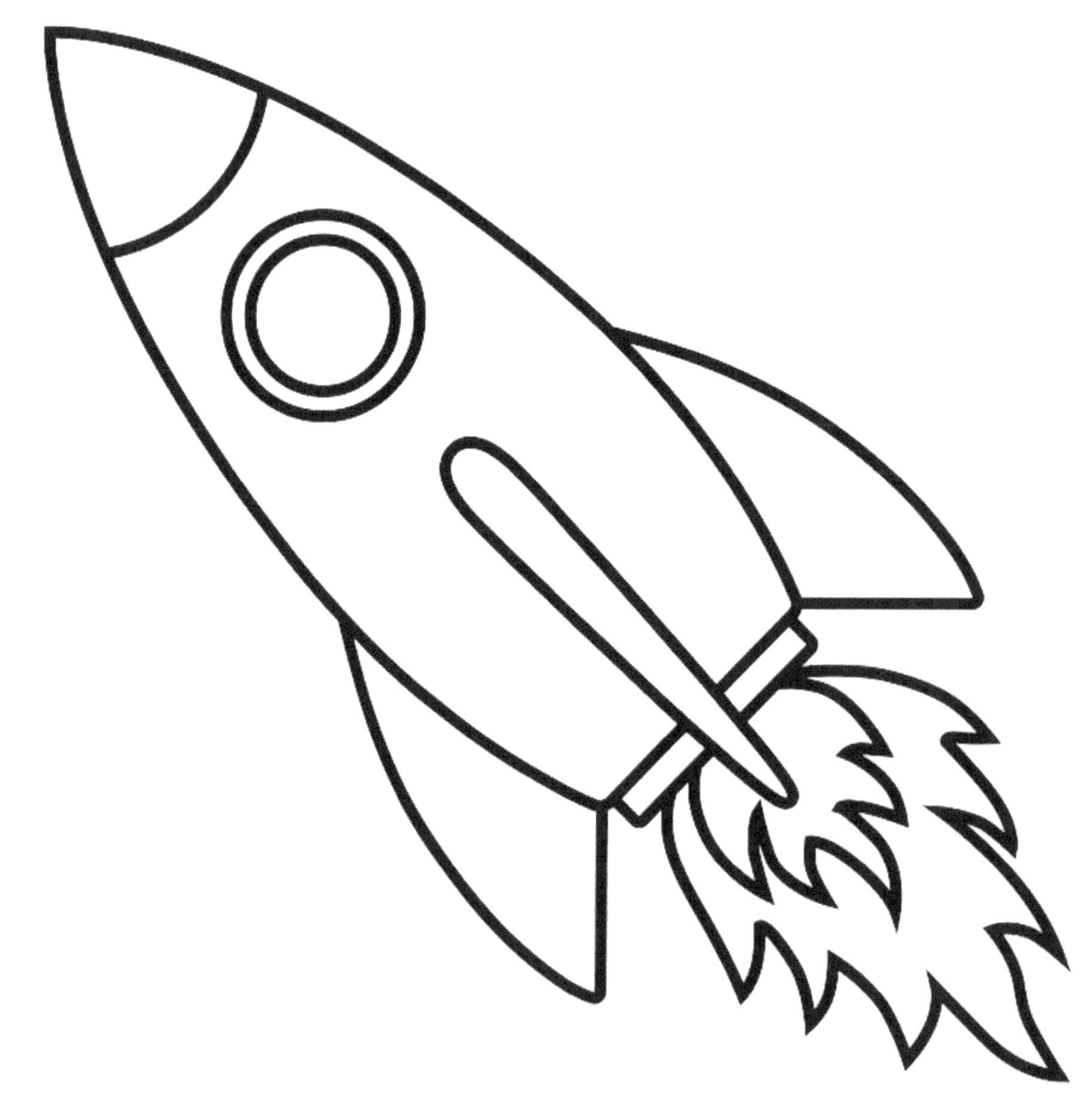

FUSÉE LIVRE DE COLORIAGE

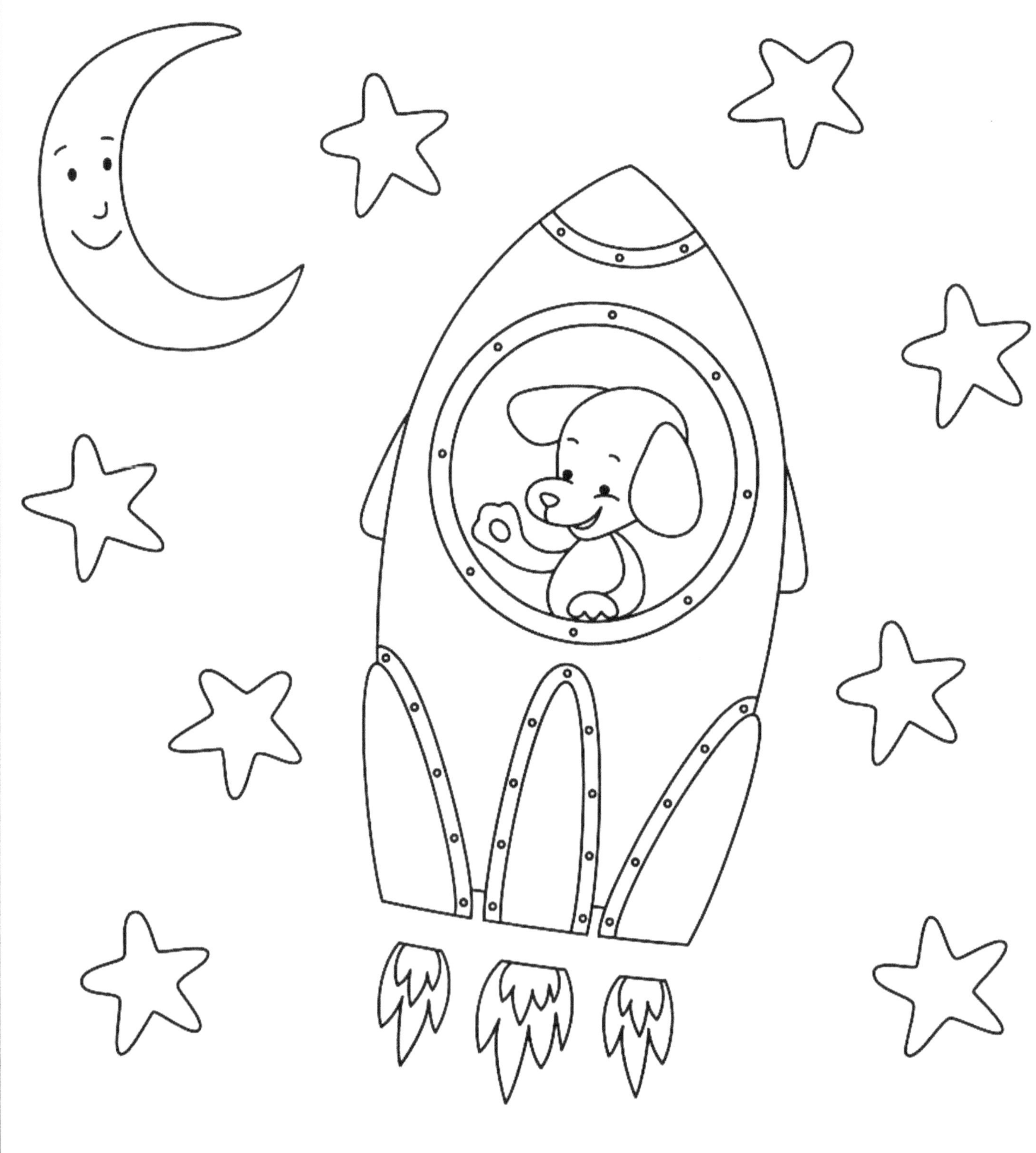

FUSÉE LIVRE DE COLORIAGE

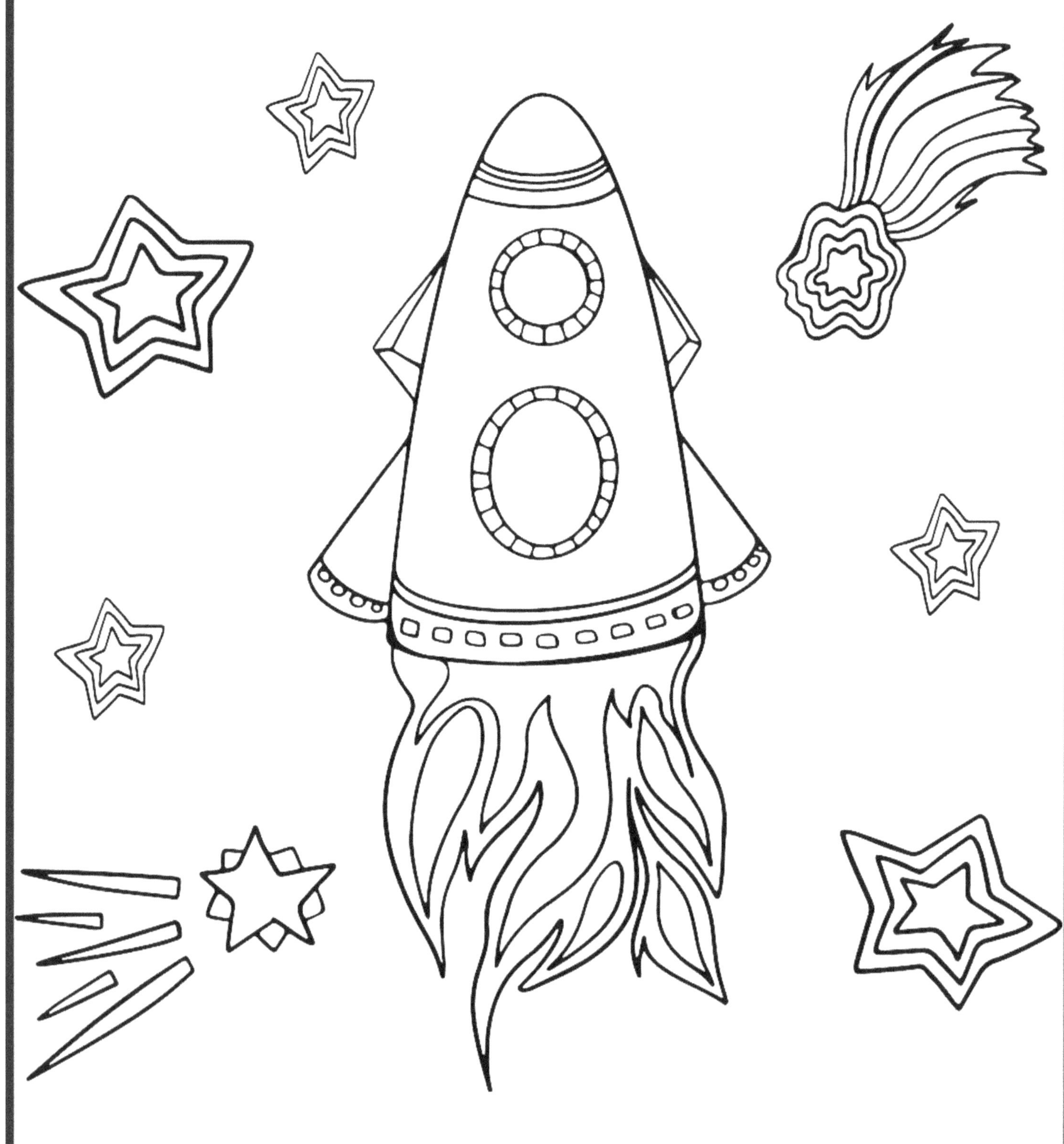

FUSÉE LIVRE DE COLORIAGE

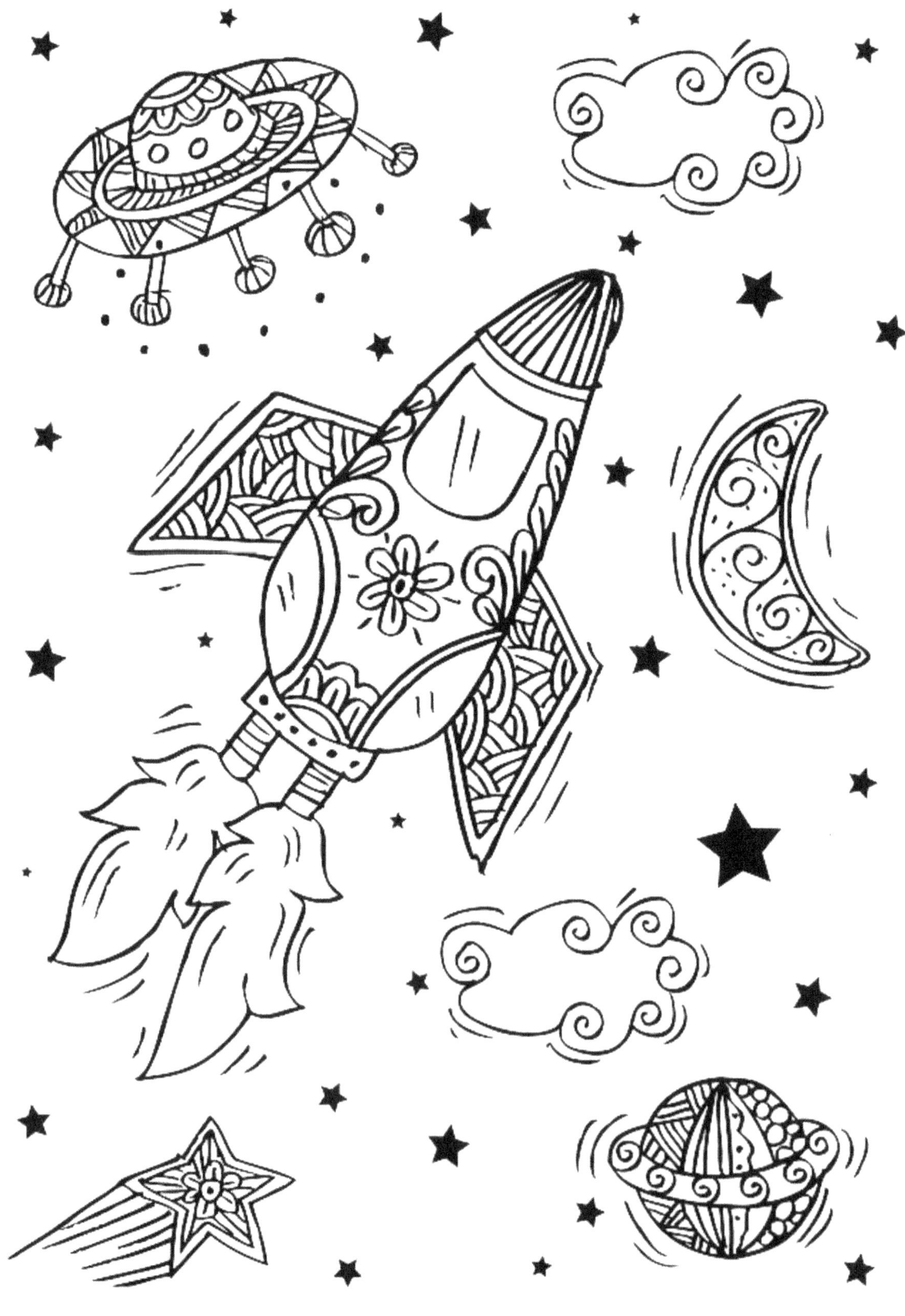

FUSÉE LIVRE DE COLORIAGE

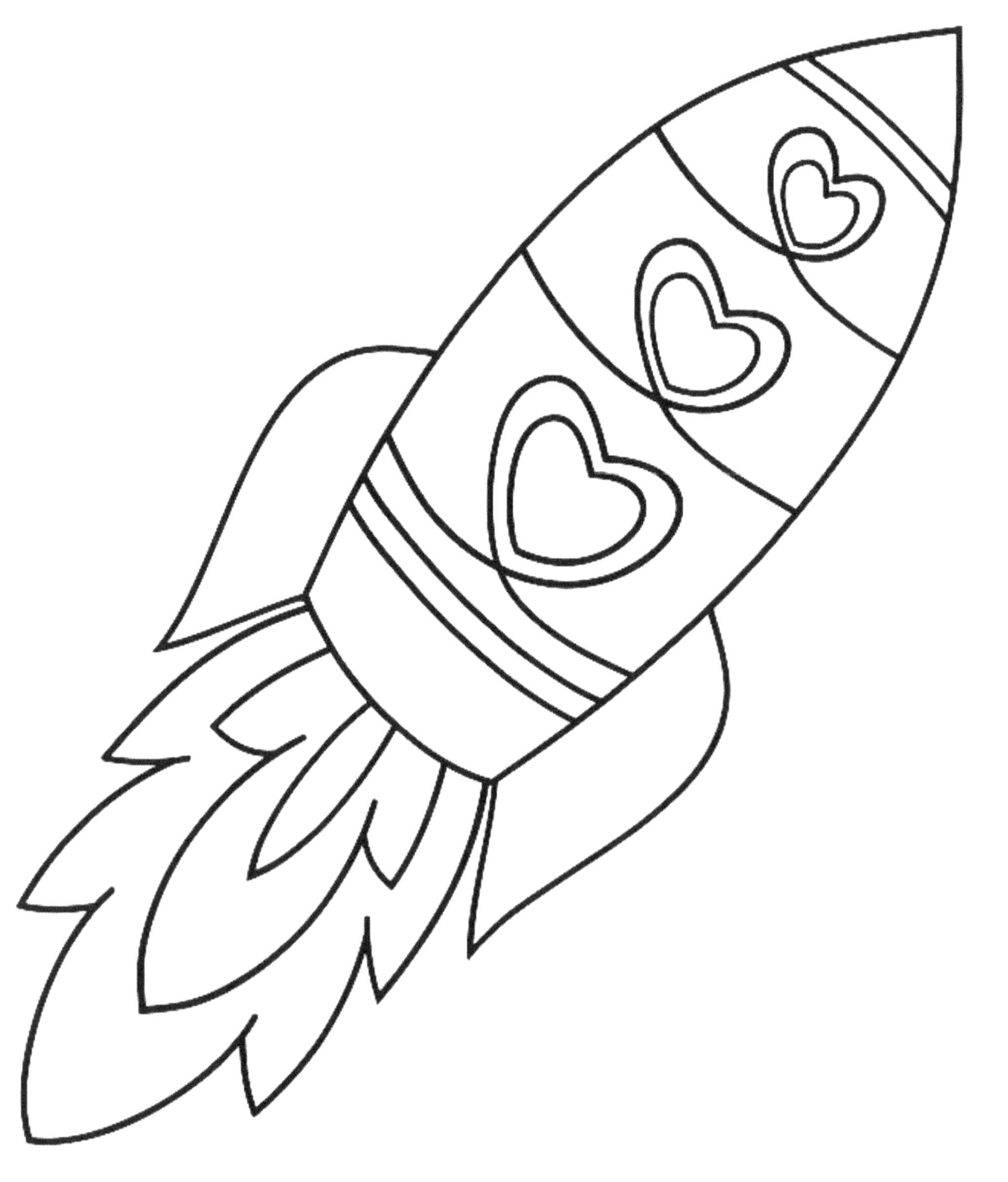

FUSÉE LIVRE DE COLORIAGE

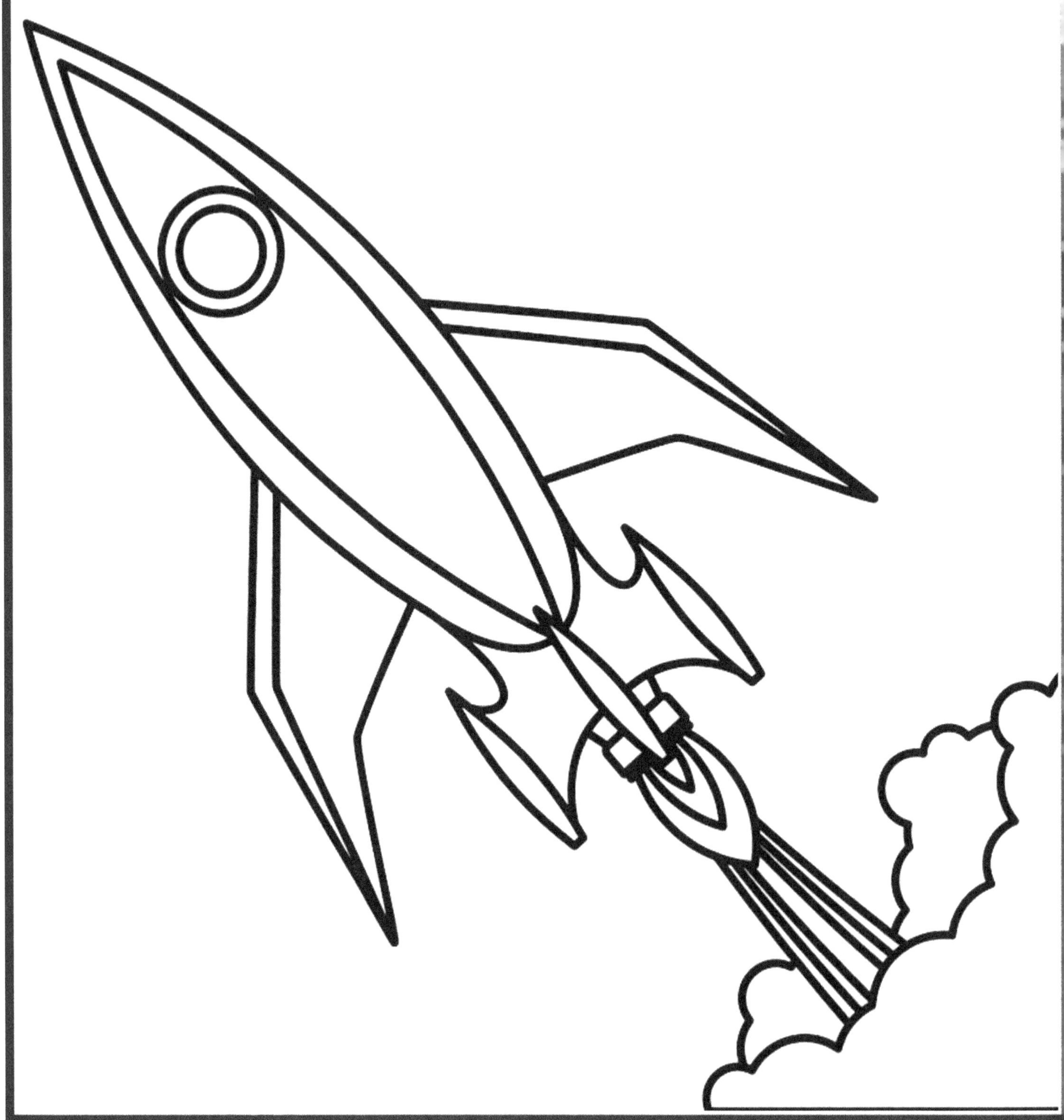

FUSÉE LIVRE DE COLORIAGE

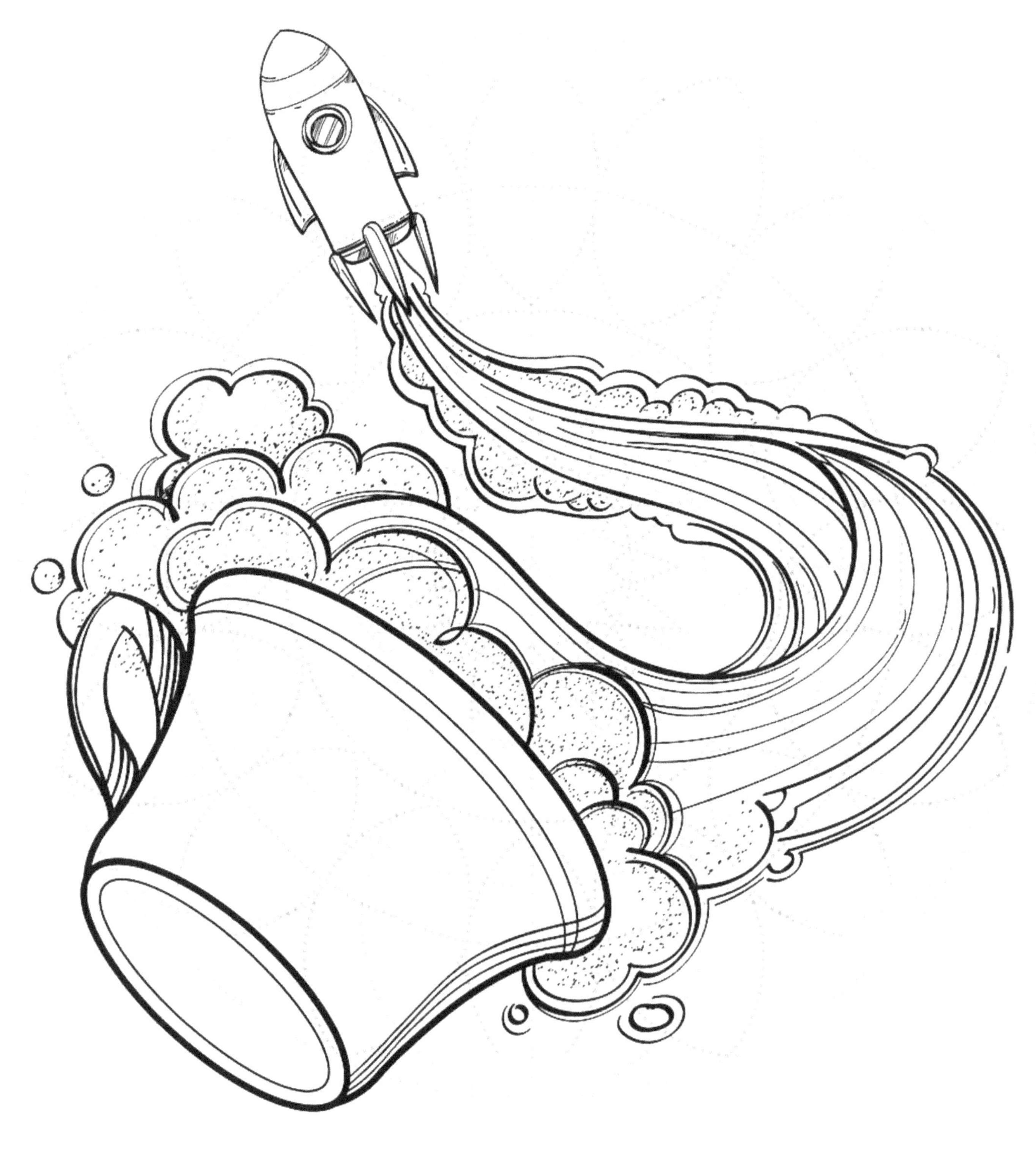

FUSÉE LIVRE DE COLORIAGE

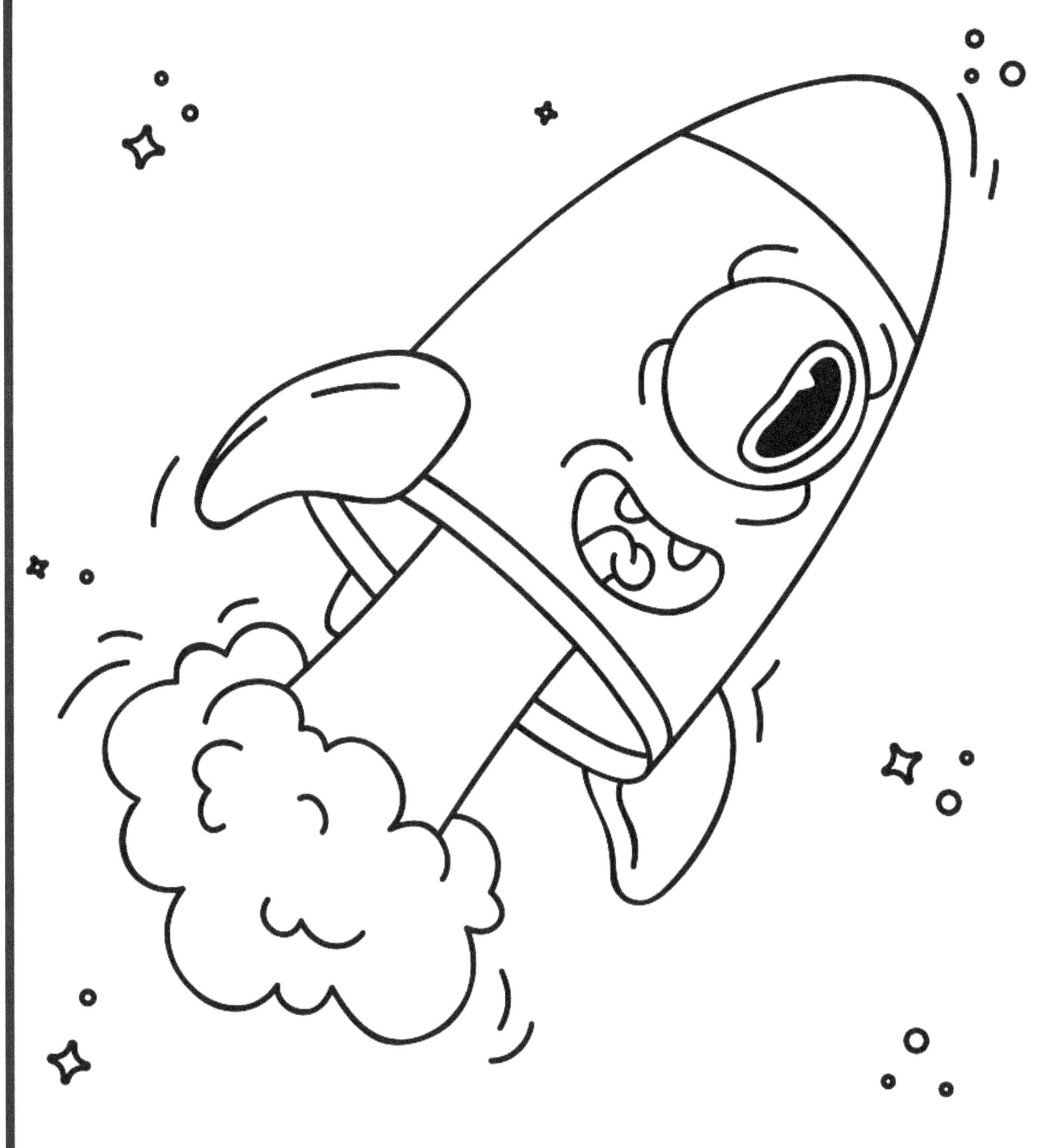

FUSÉE LIVRE DE COLORIAGE

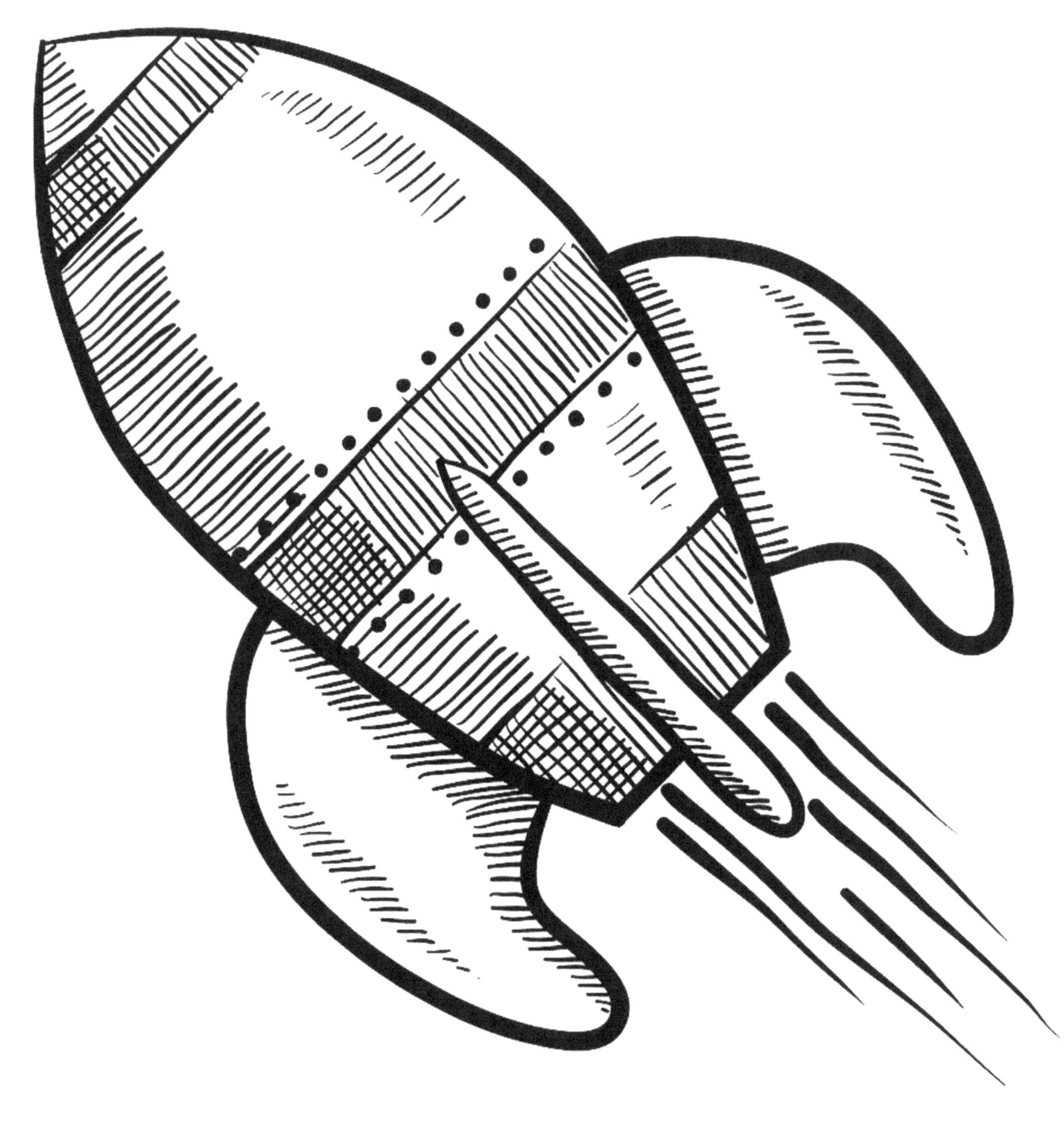

FUSÉE LIVRE DE COLORIAGE

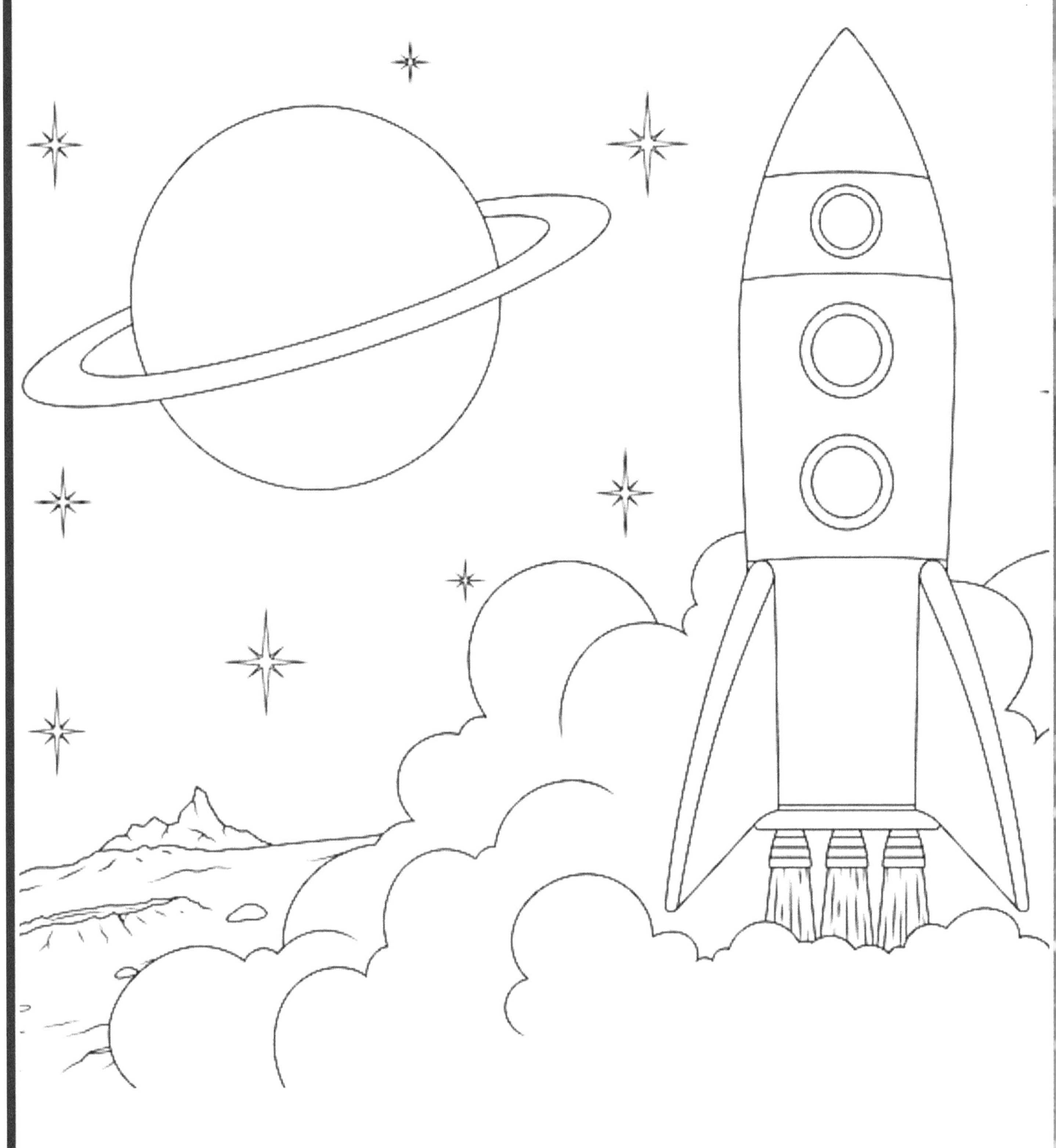

FUSÉE LIVRE DE COLORIAGE

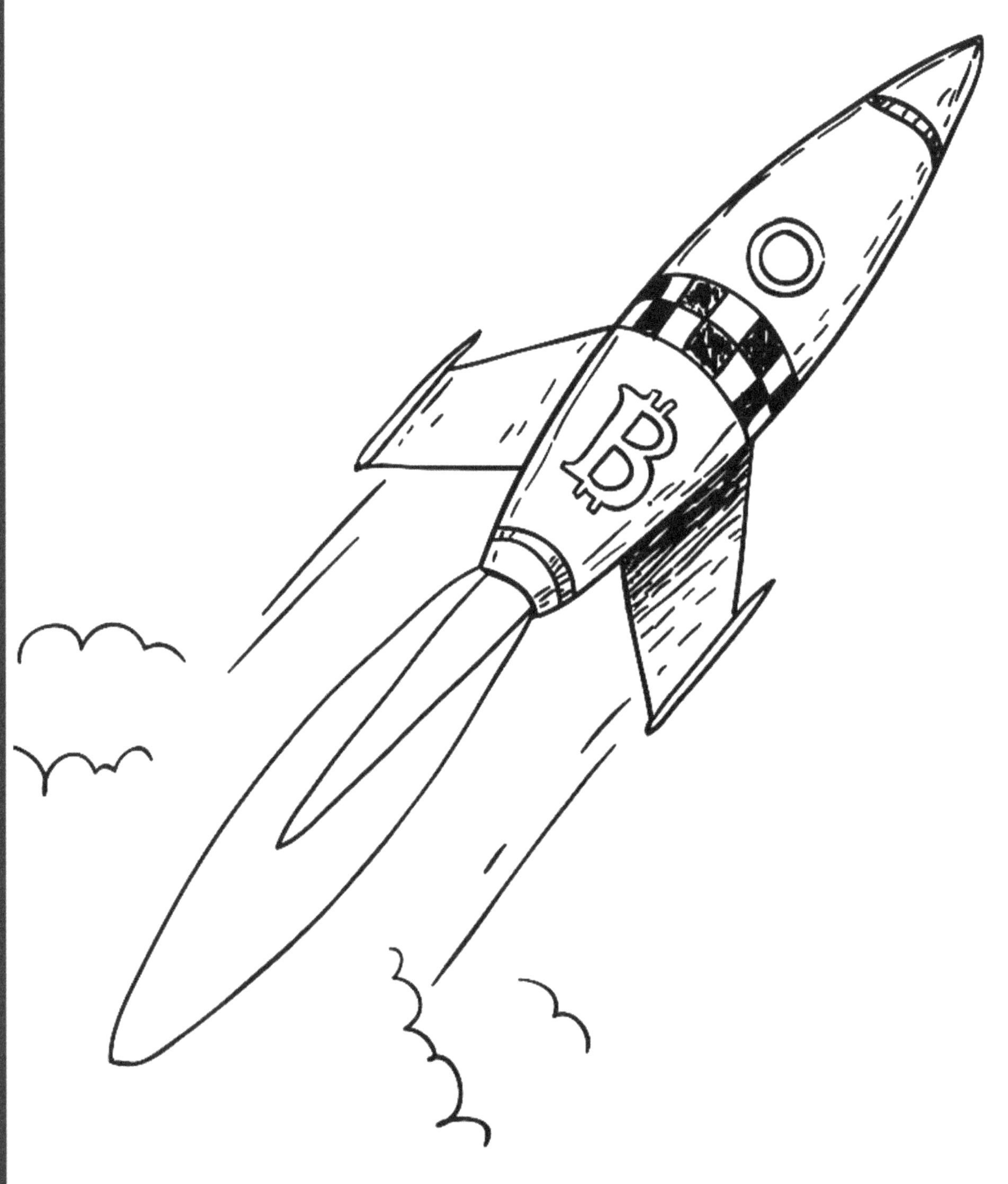

FUSÉE LIVRE DE COLORIAGE

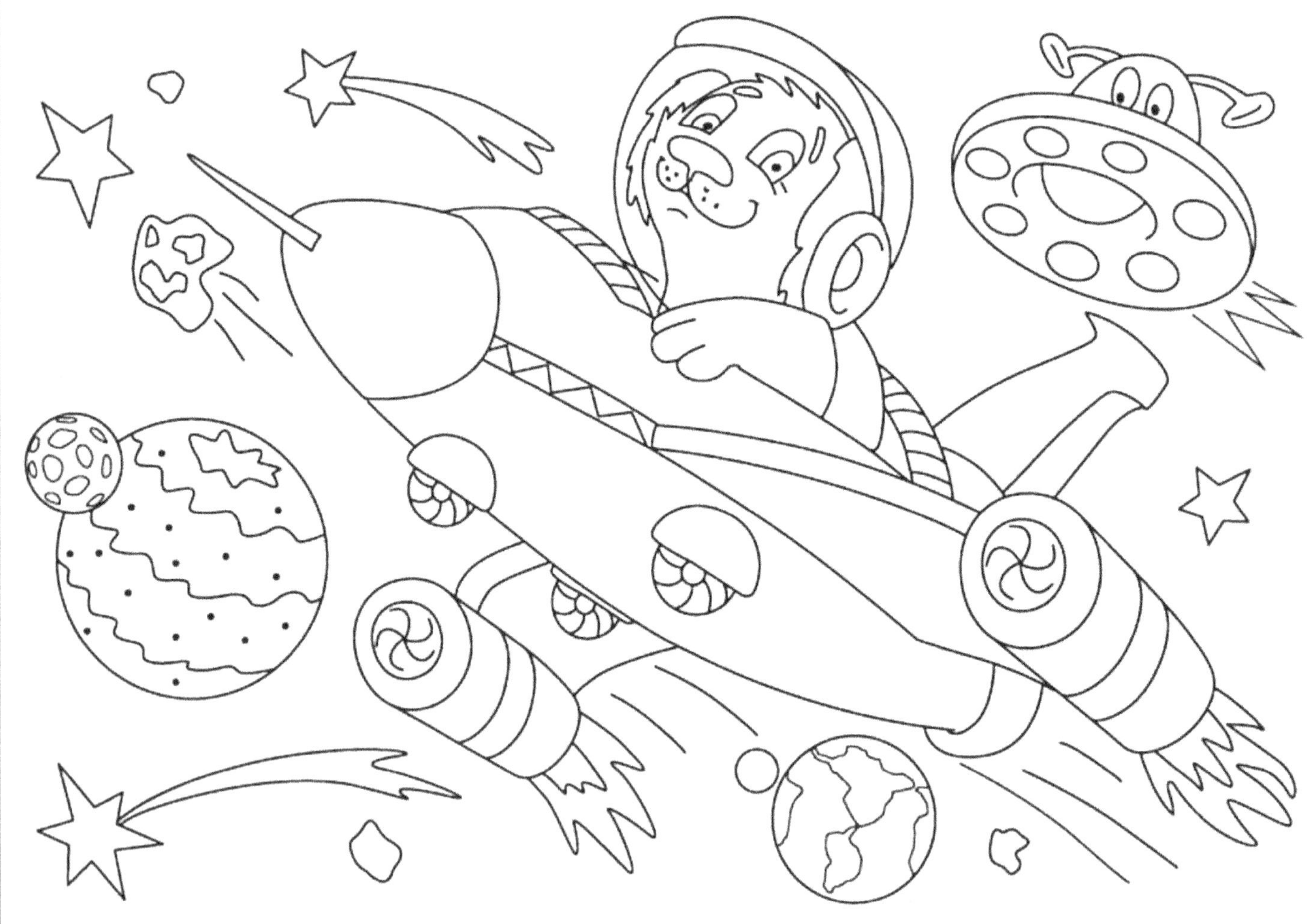

FUSÉE LIVRE DE COLORIAGE

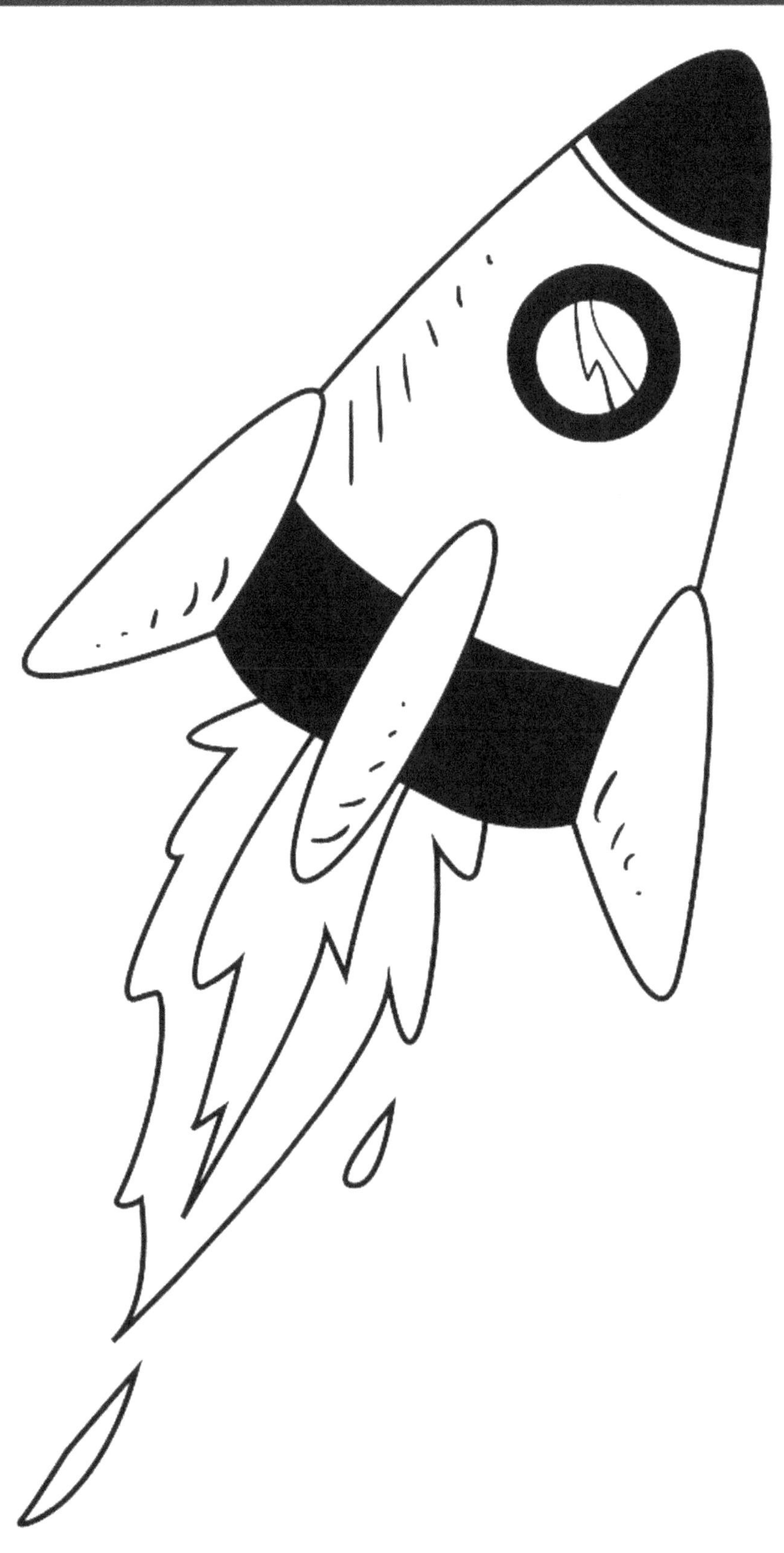

FUSÉE LIVRE DE COLORIAGE

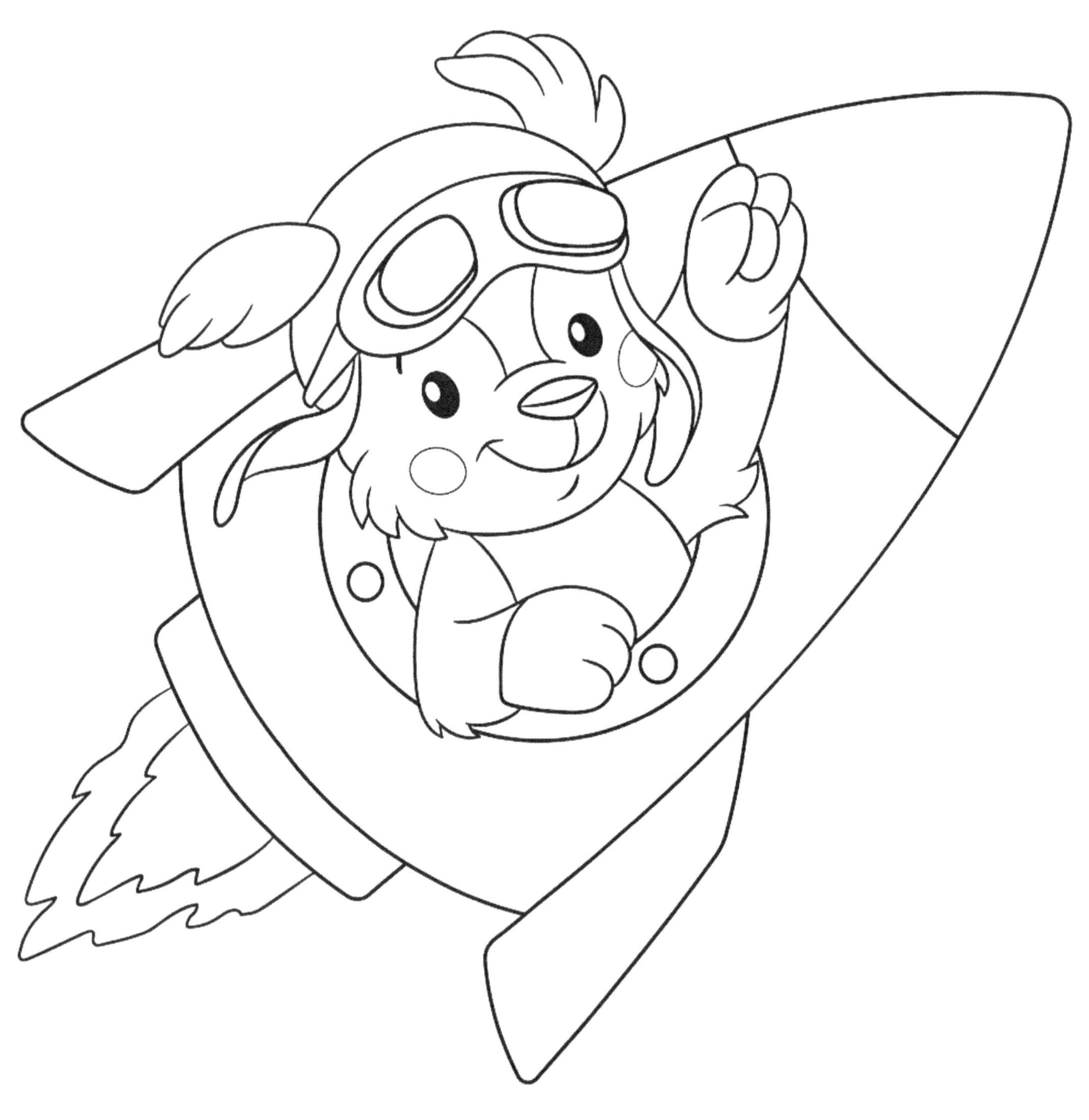

FUSÉE LIVRE DE COLORIAGE

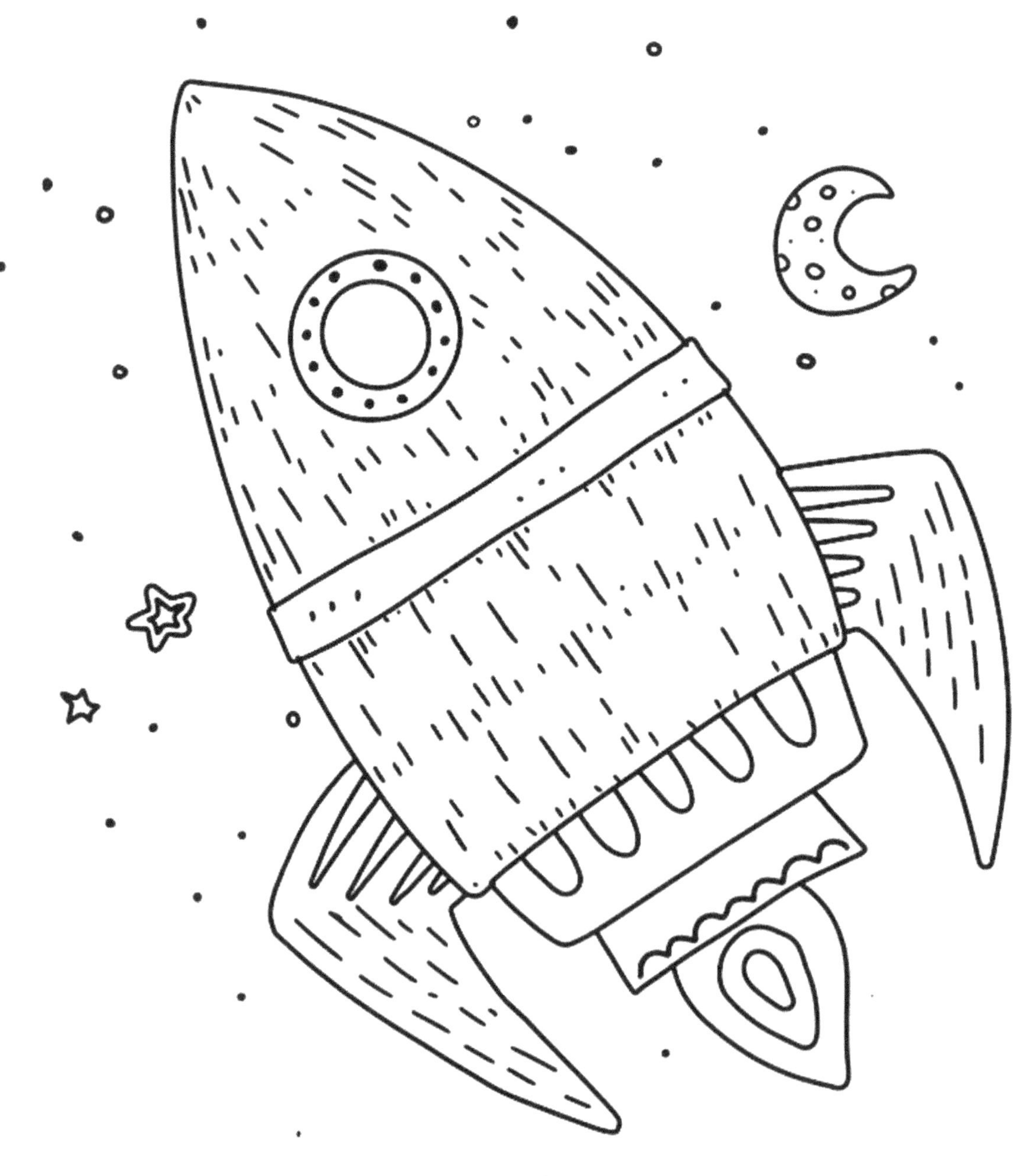

FUSÉE LIVRE DE COLORIAGE

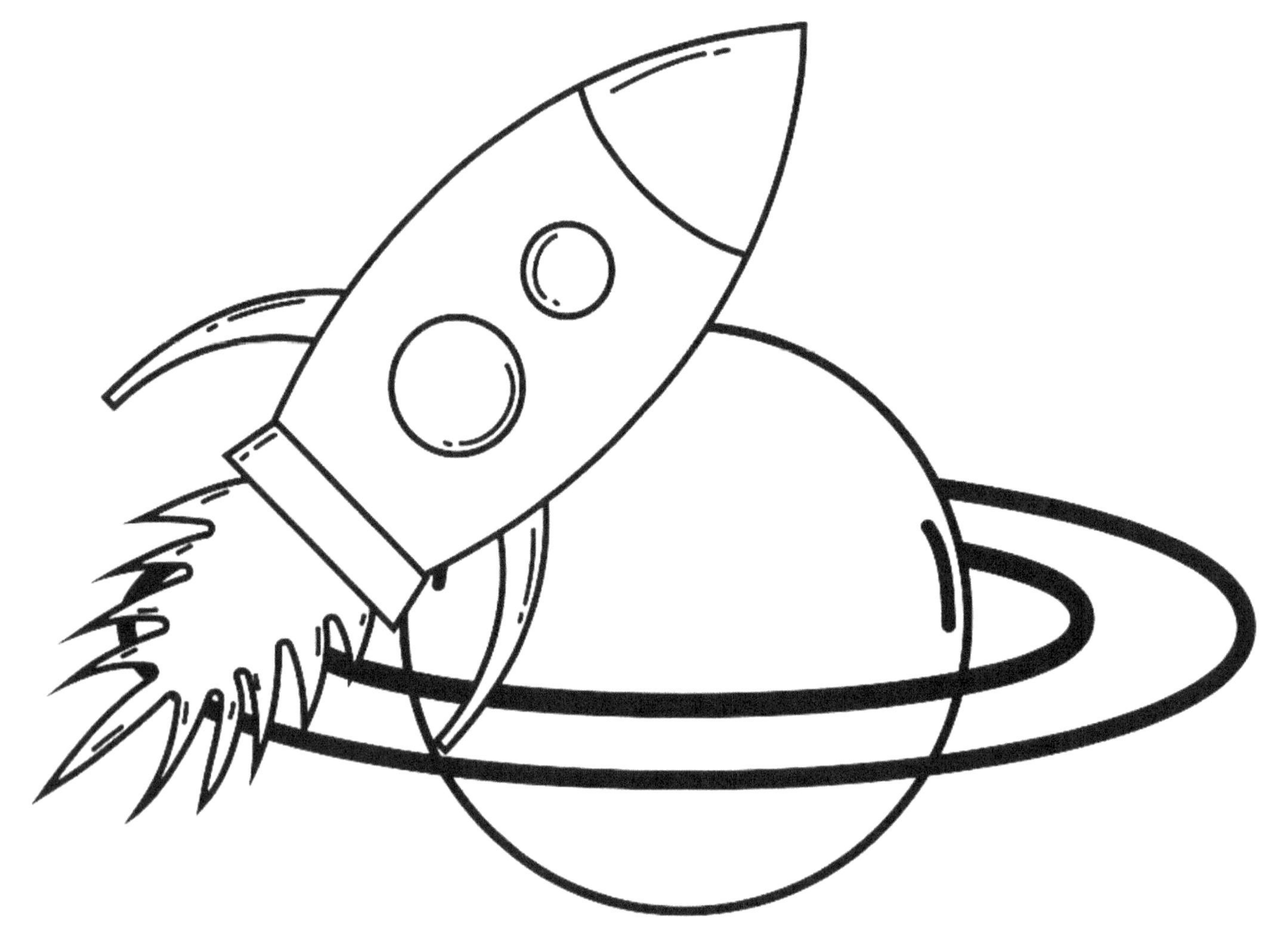

FUSÉE LIVRE DE COLORIAGE

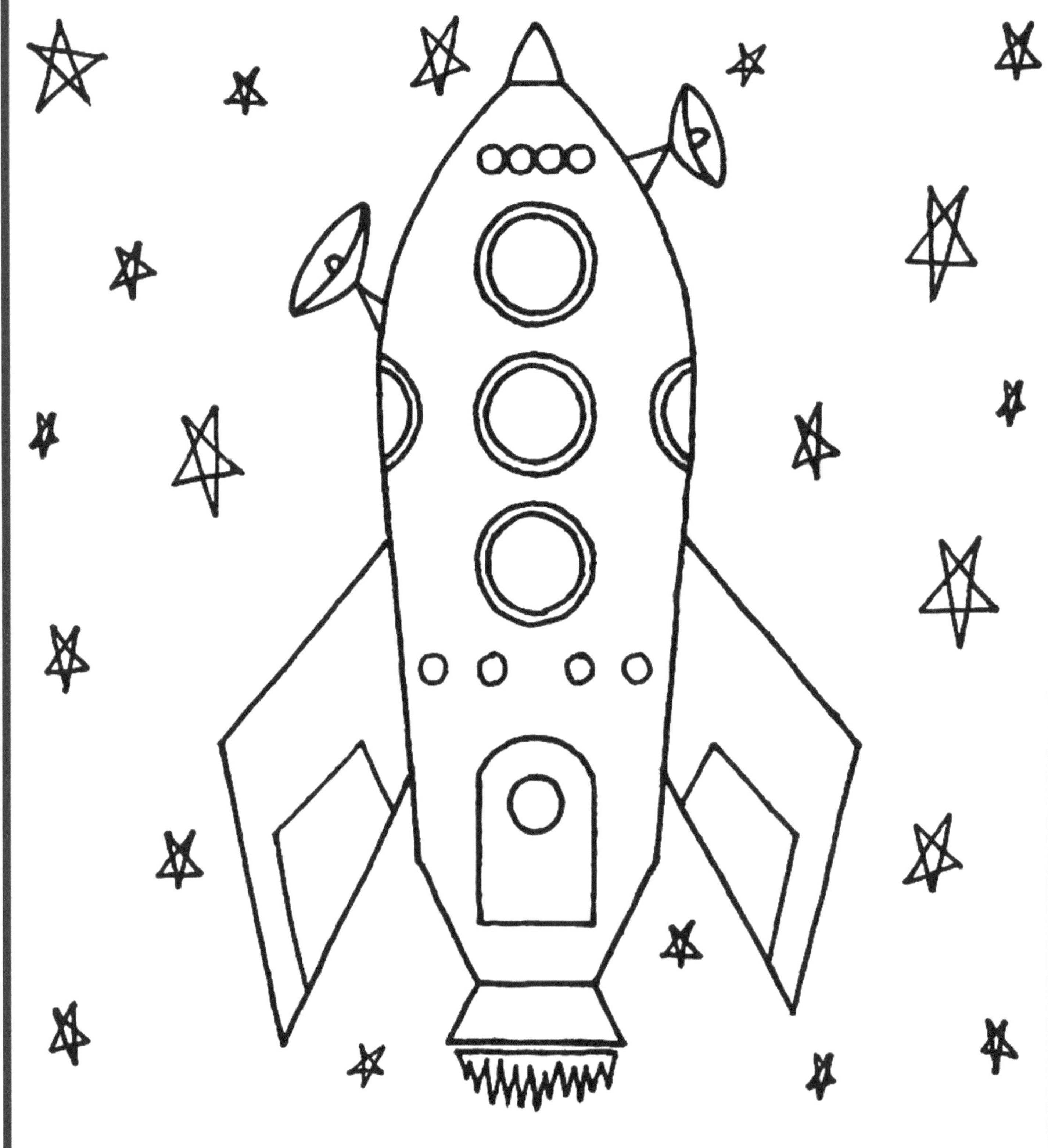

FUSÉE LIVRE DE COLORIAGE

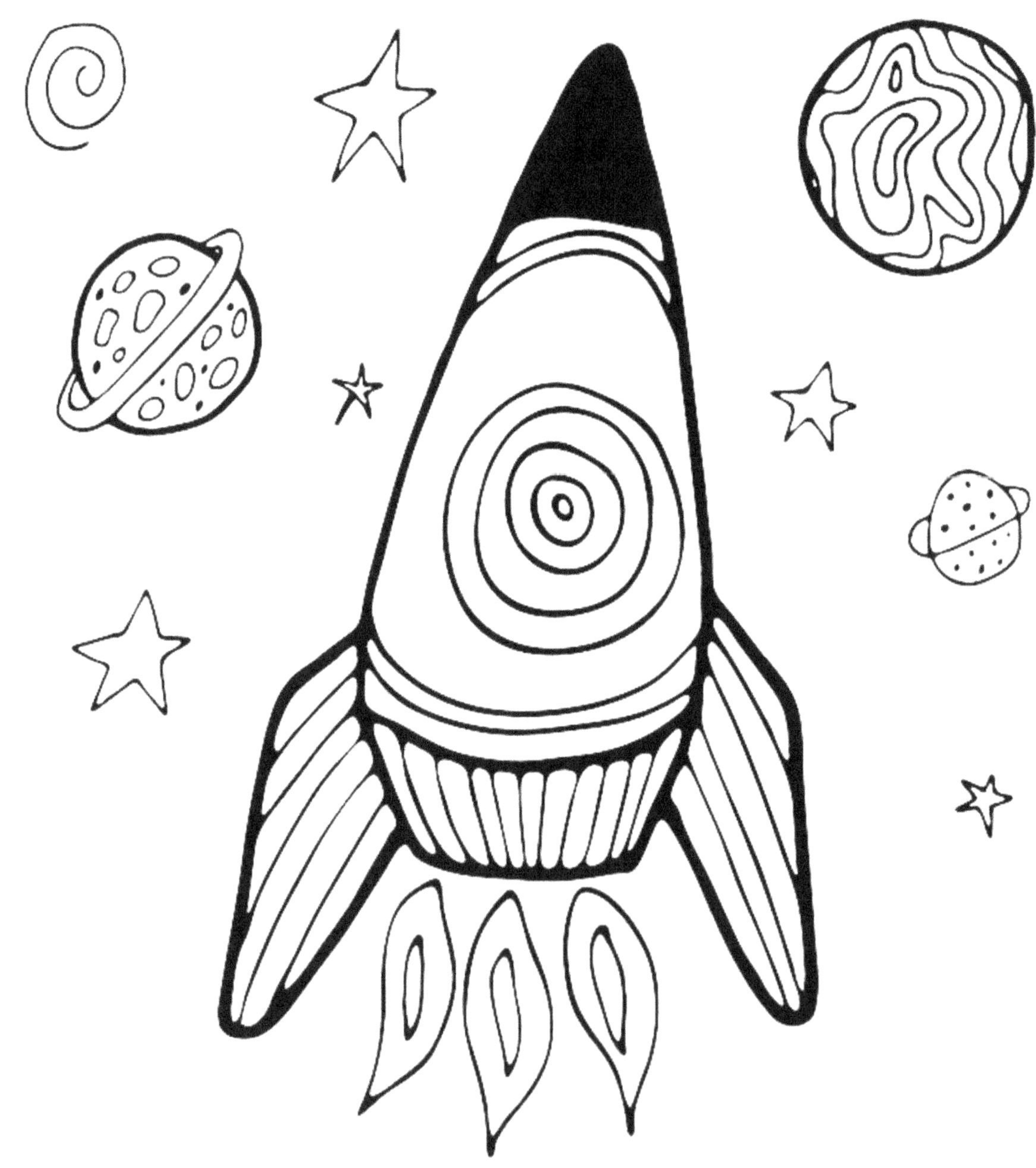

FUSÉE LIVRE DE COLORIAGE

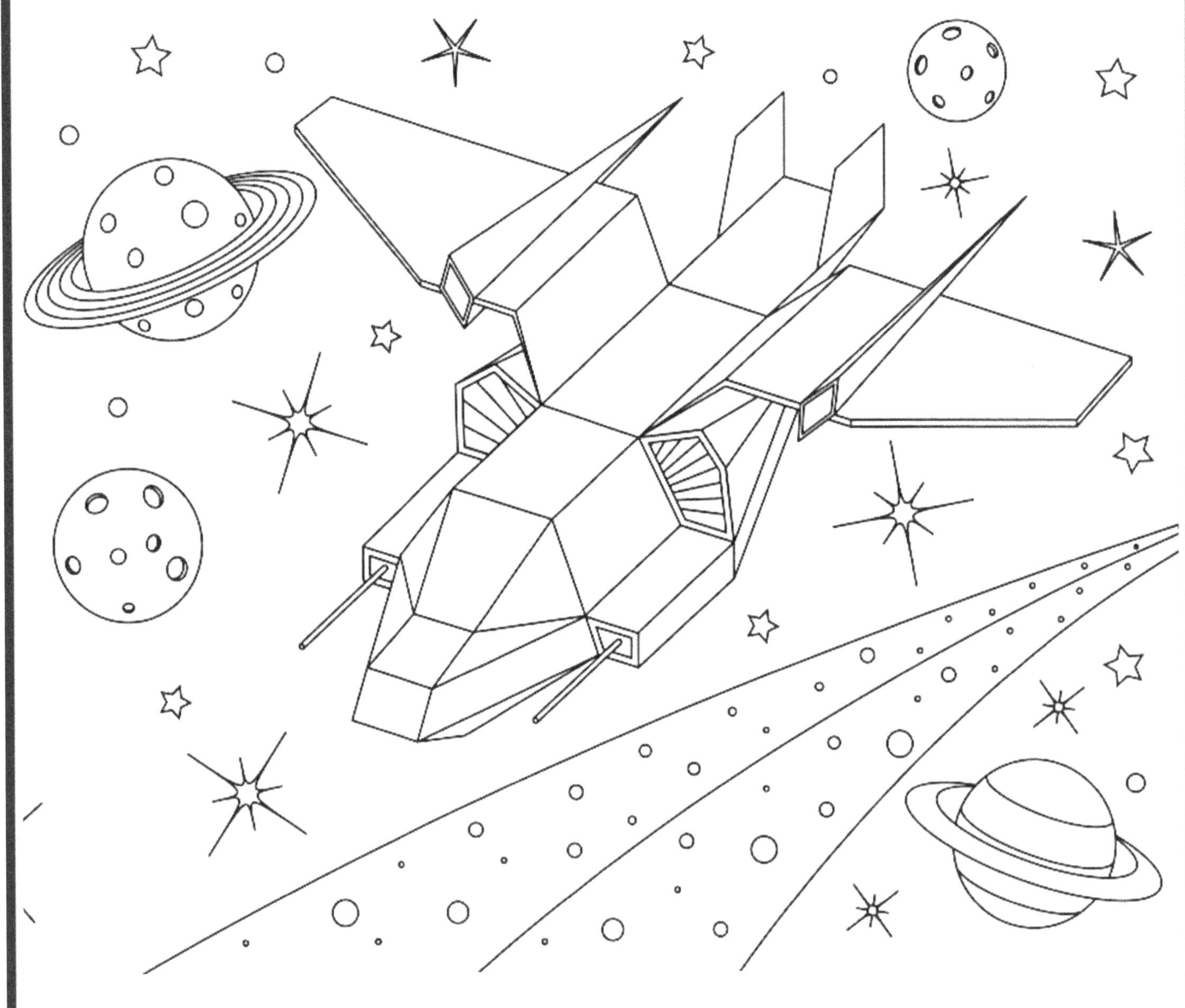

FUSÉE LIVRE DE COLORIAGE

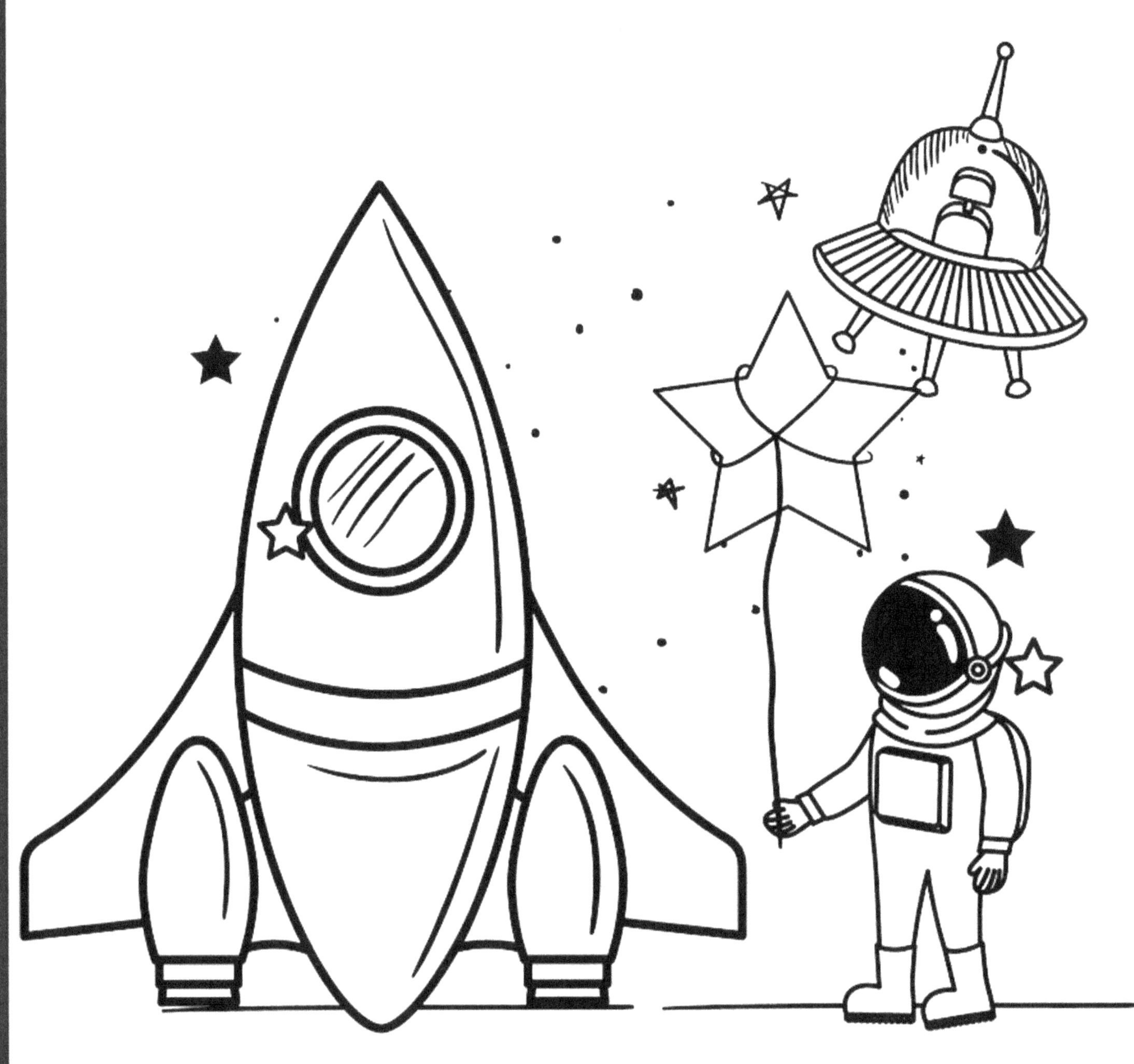

FUSÉE LIVRE DE COLORIAGE

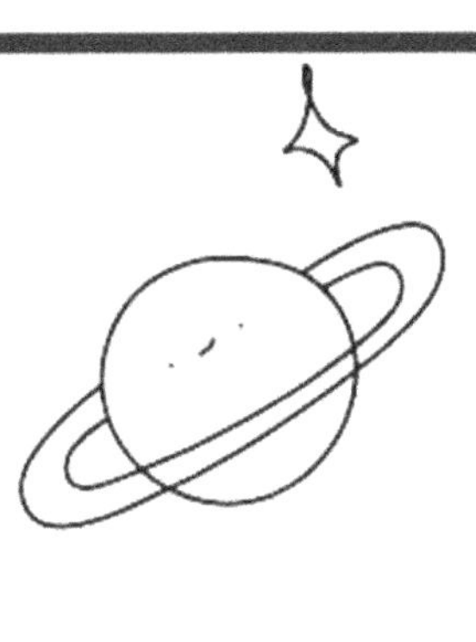

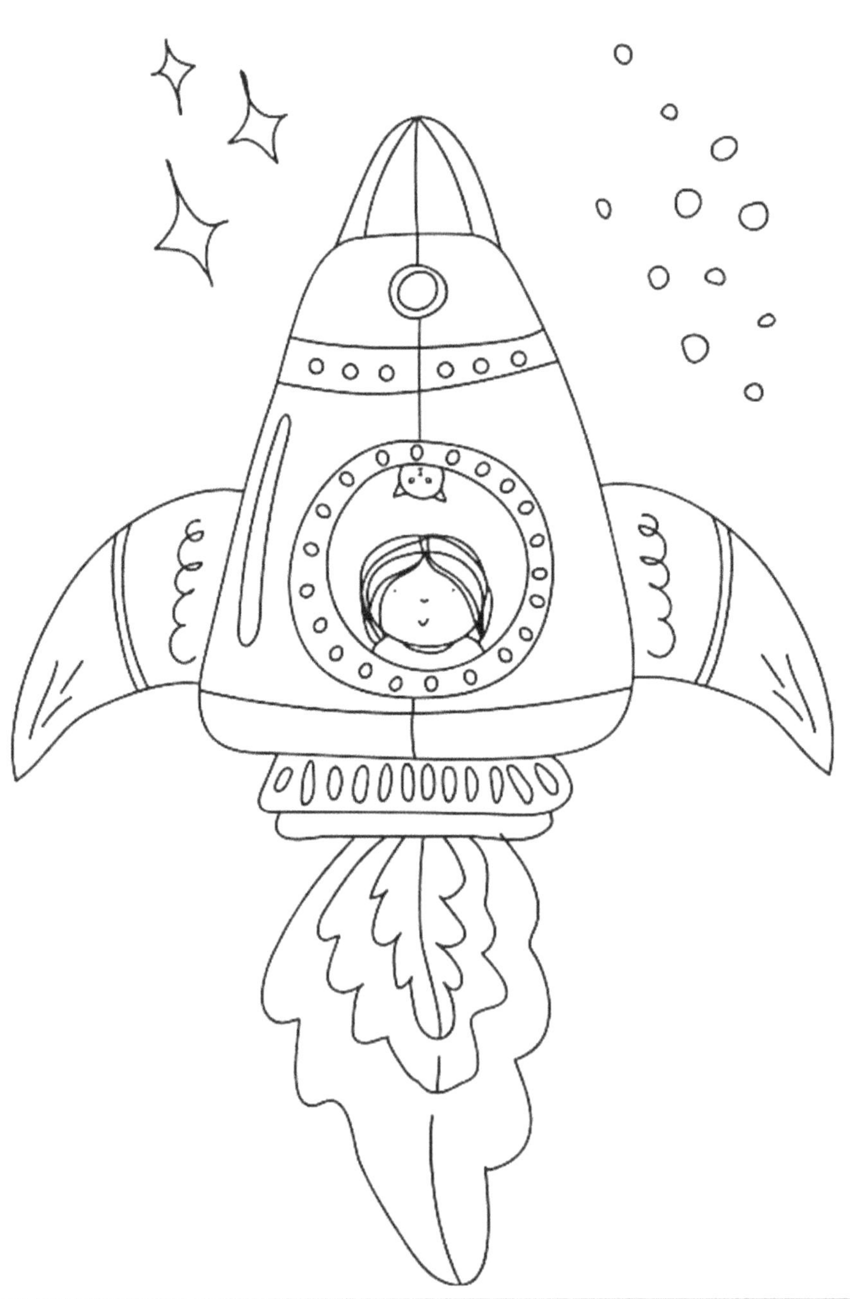

FUSÉE LIVRE DE COLORIAGE

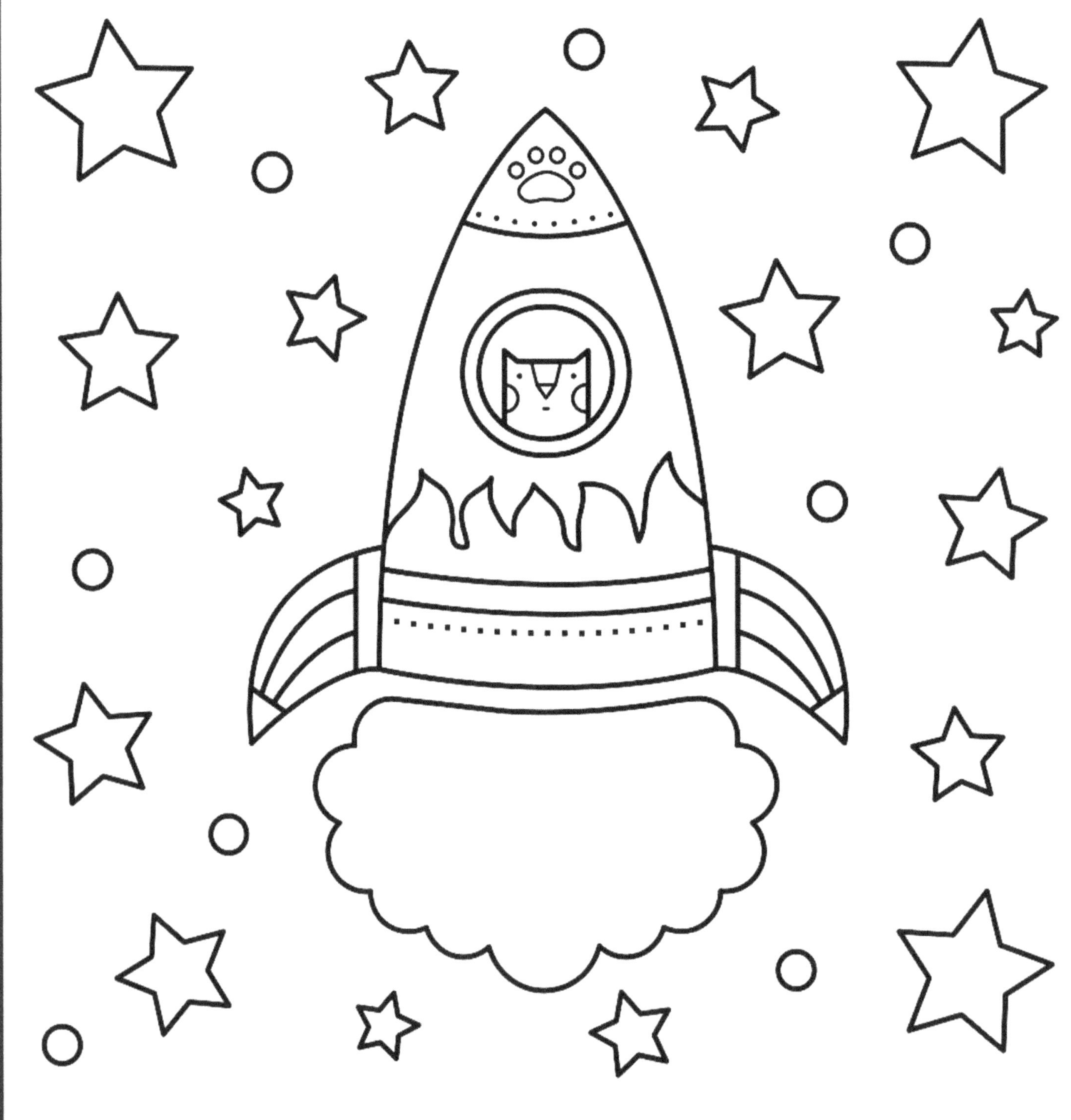

FUSÉE LIVRE DE COLORIAGE

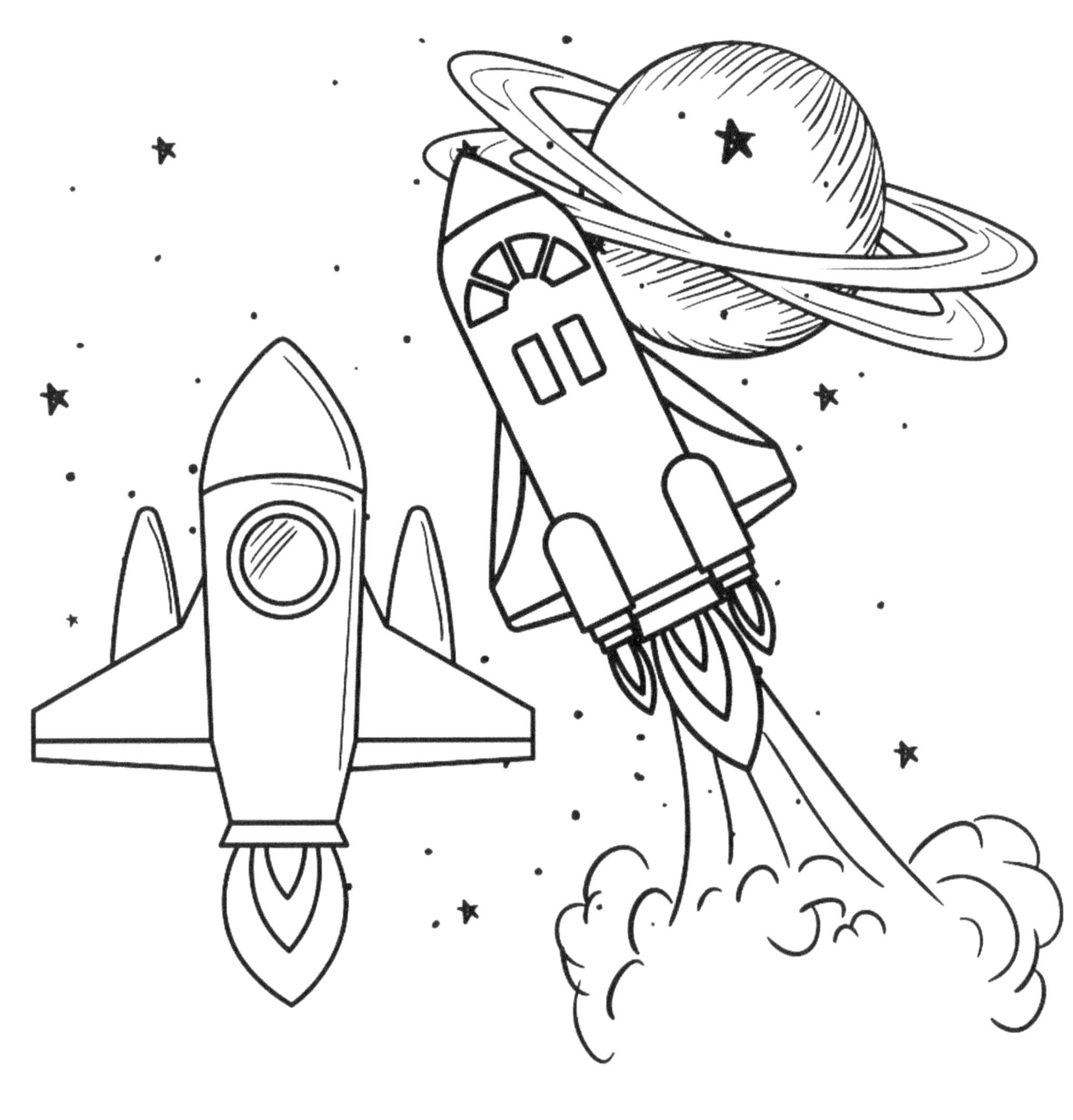

FUSÉE LIVRE DE COLORIAGE

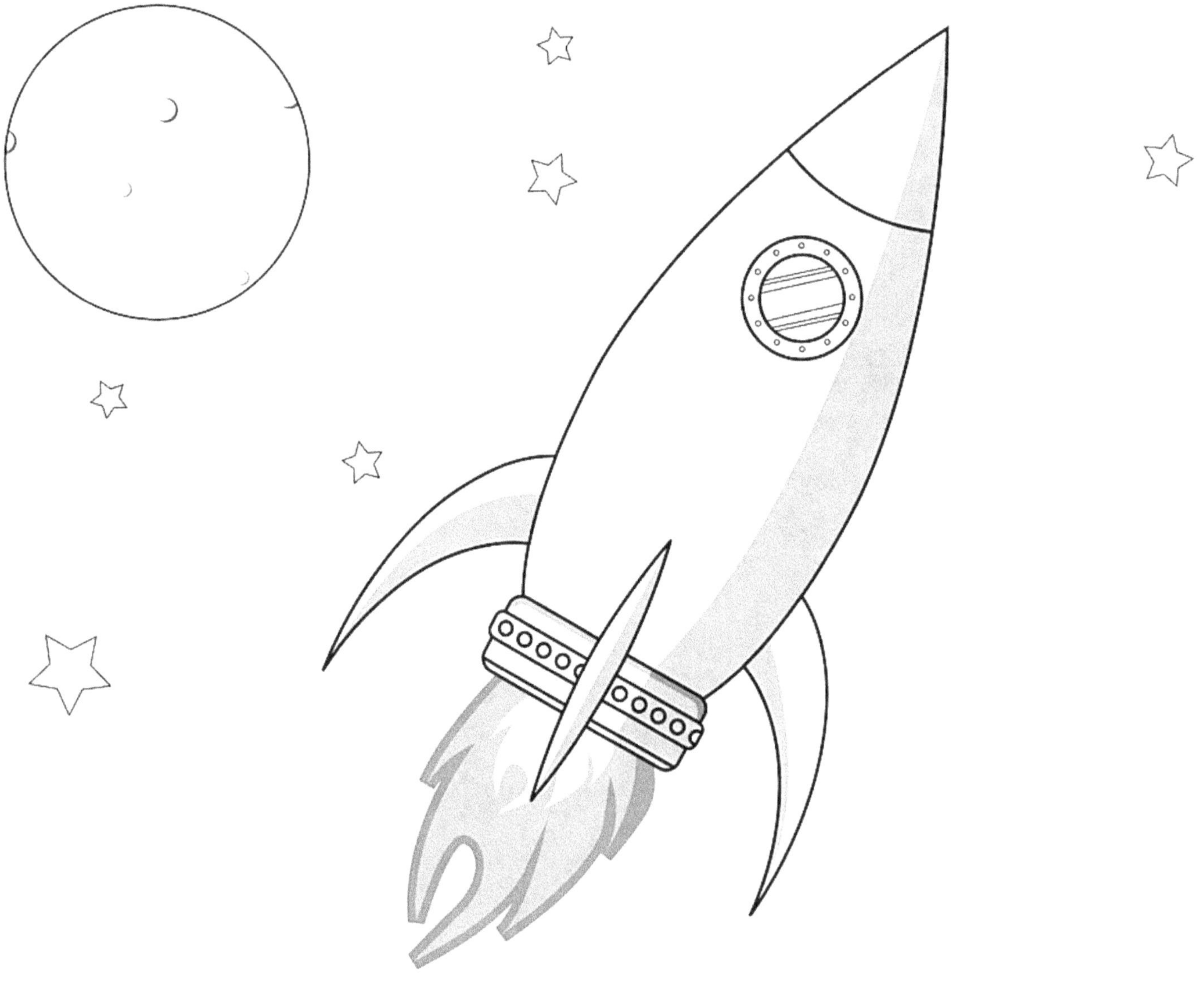

FUSÉE LIVRE DE COLORIAGE

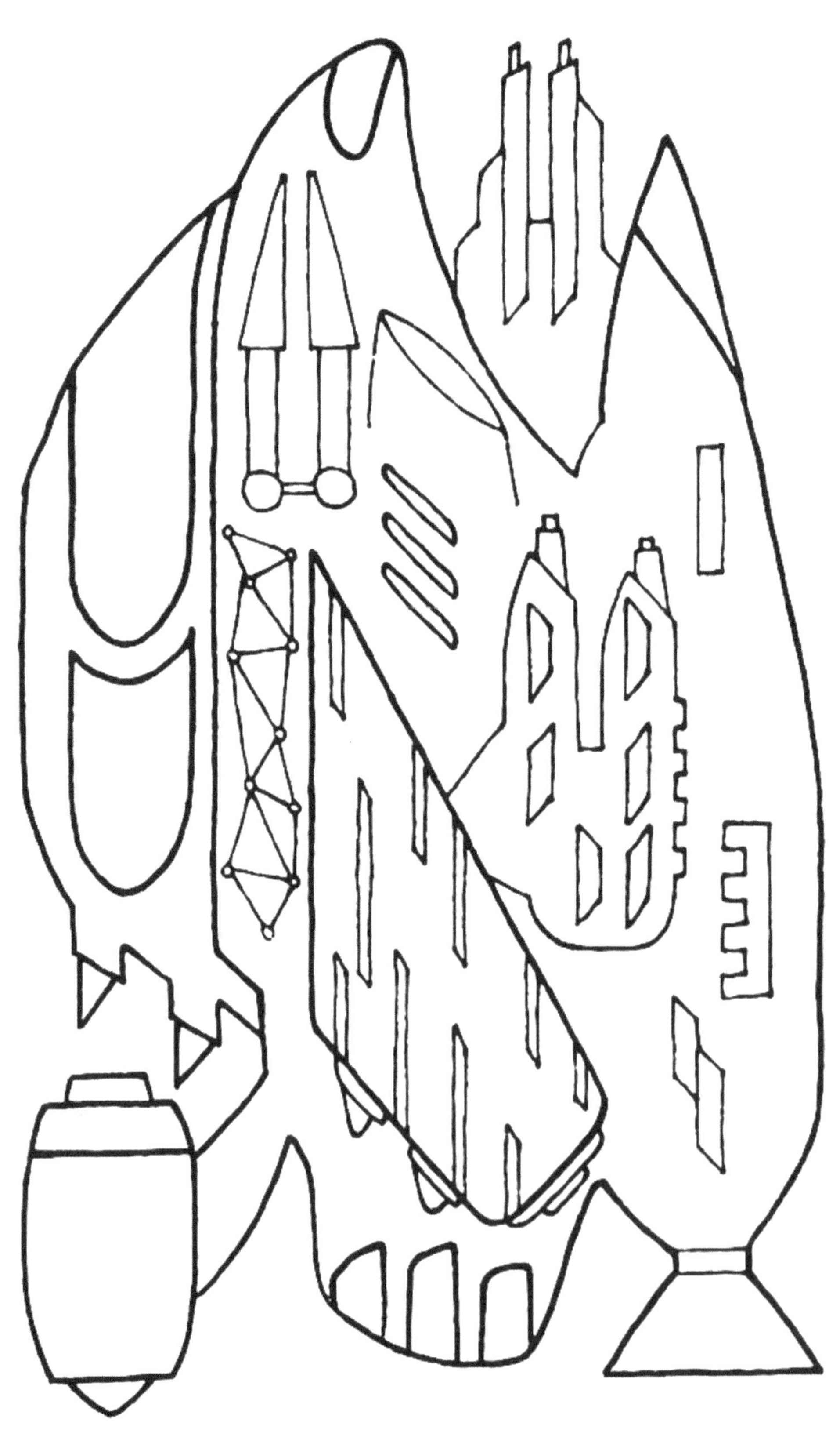

FUSÉE LIVRE DE COLORIAGE

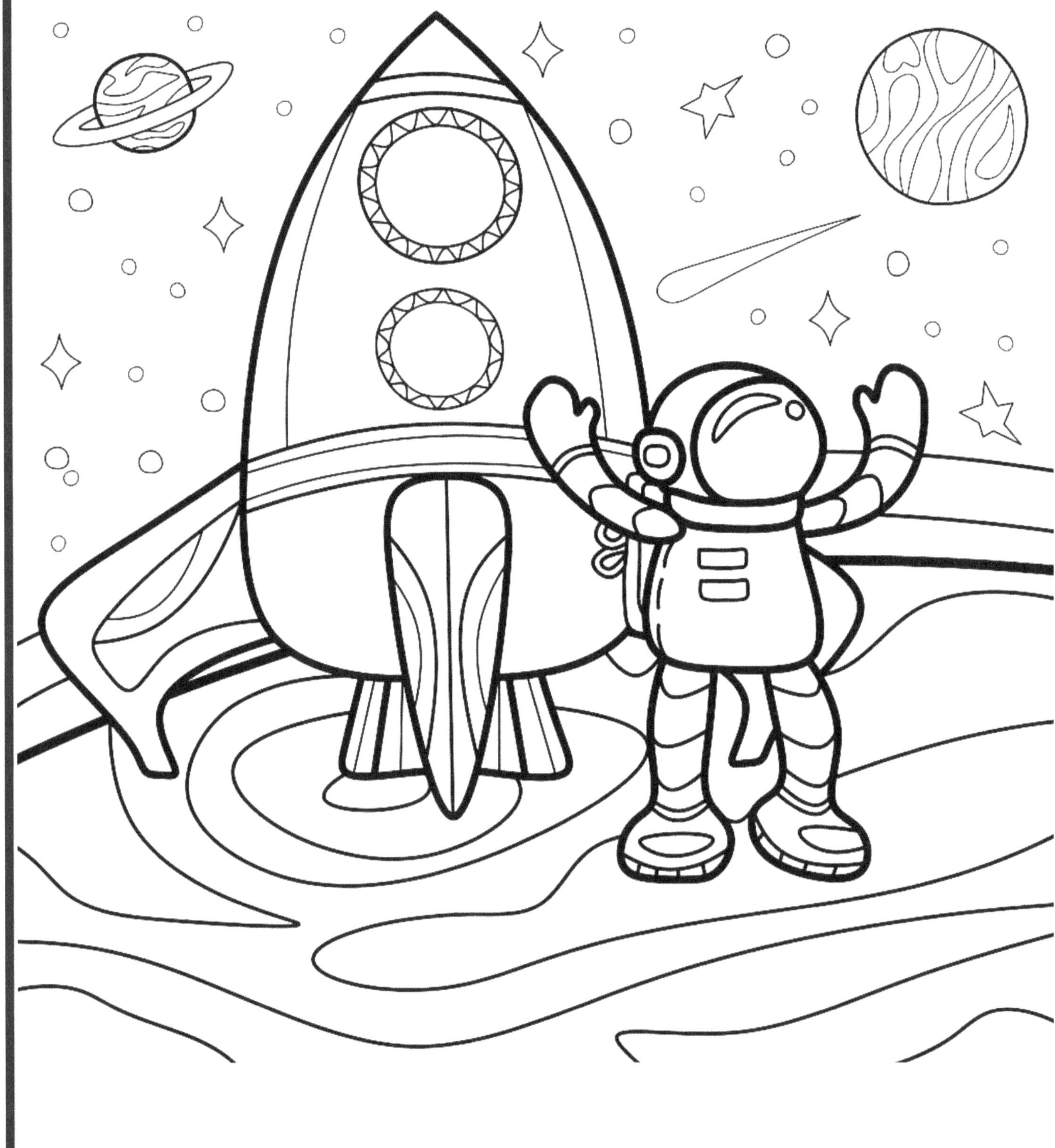

FUSÉE LIVRE DE COLORIAGE

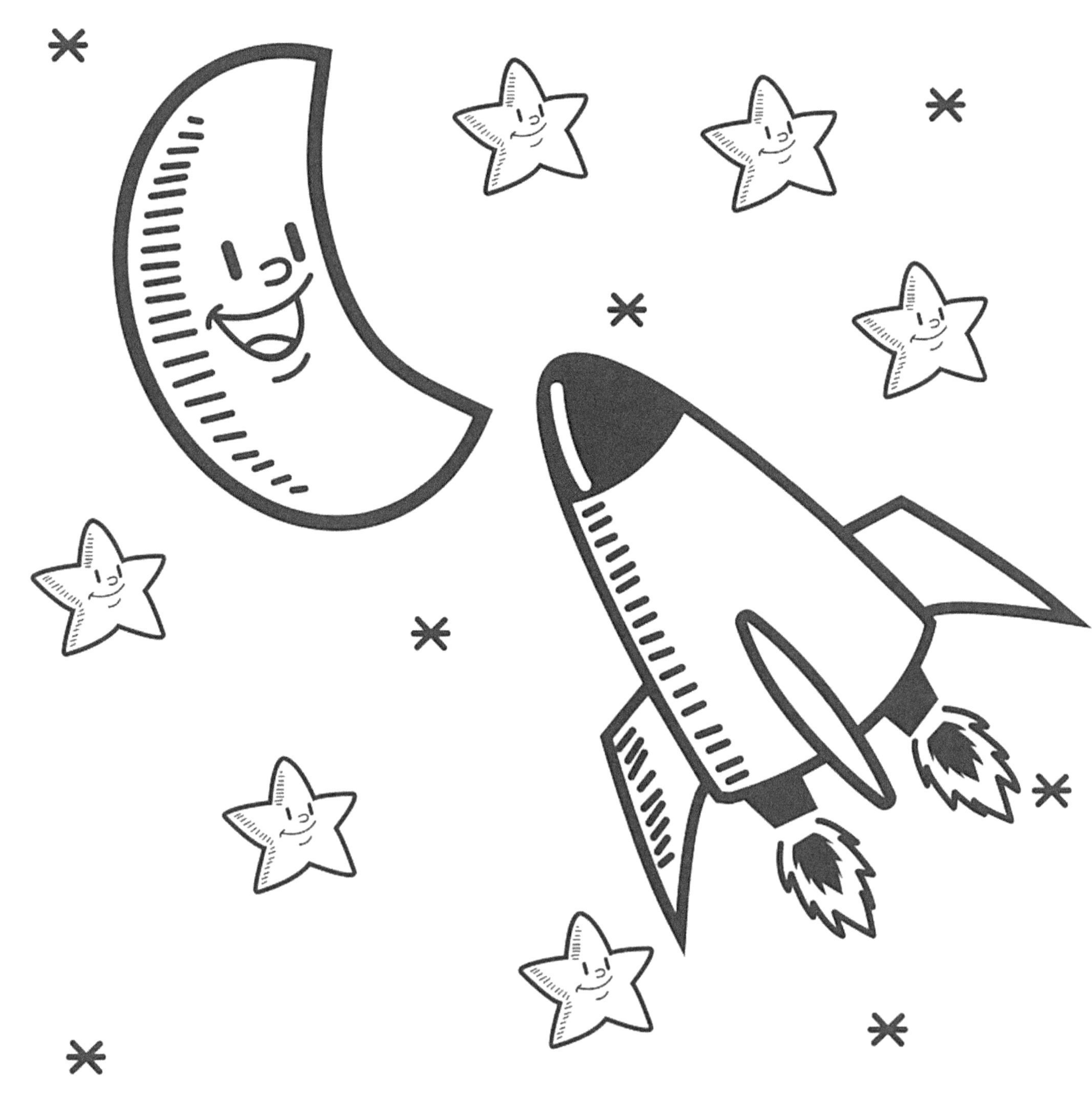

FUSÉE LIVRE DE COLORIAGE

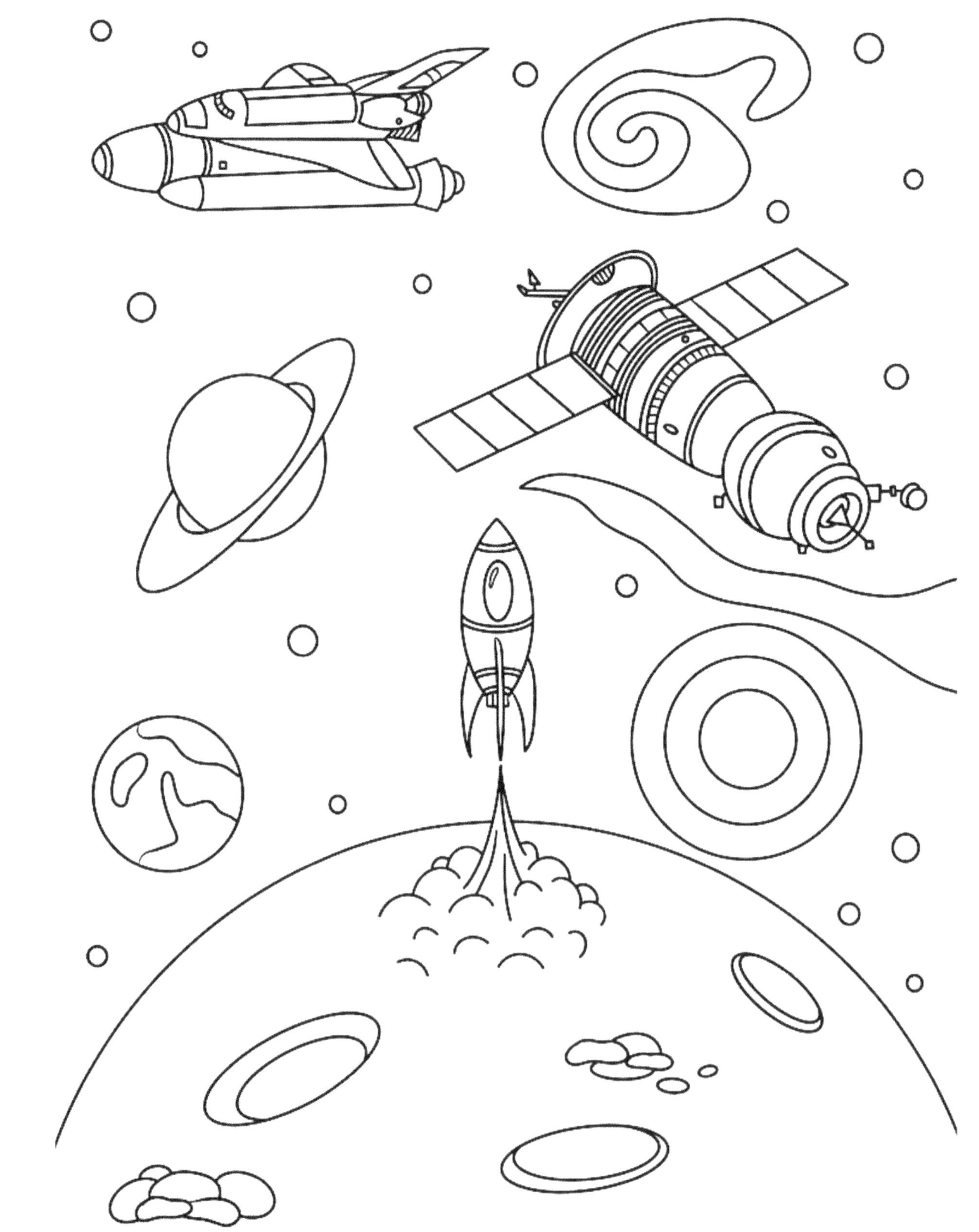

FUSÉE LIVRE DE COLORIAGE

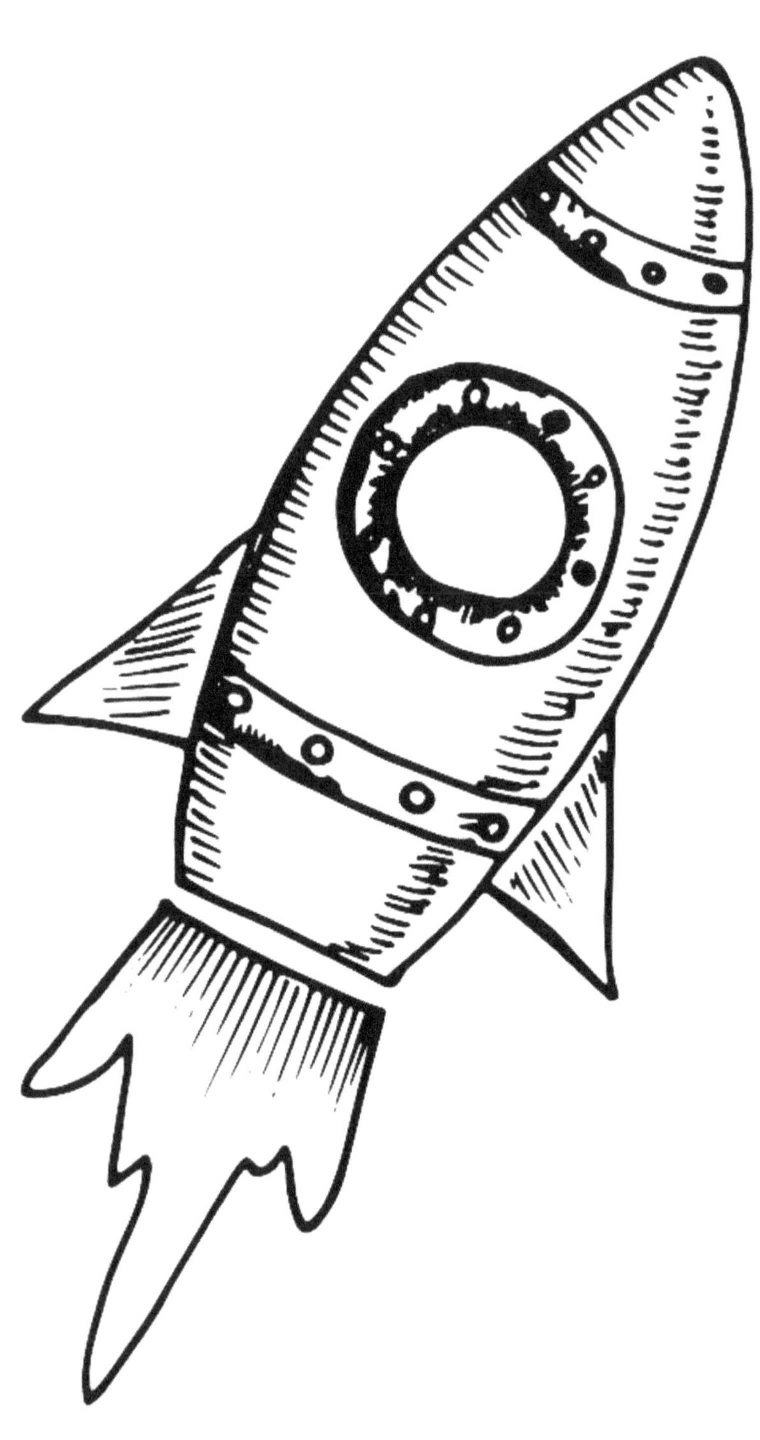

FUSÉE LIVRE DE COLORIAGE

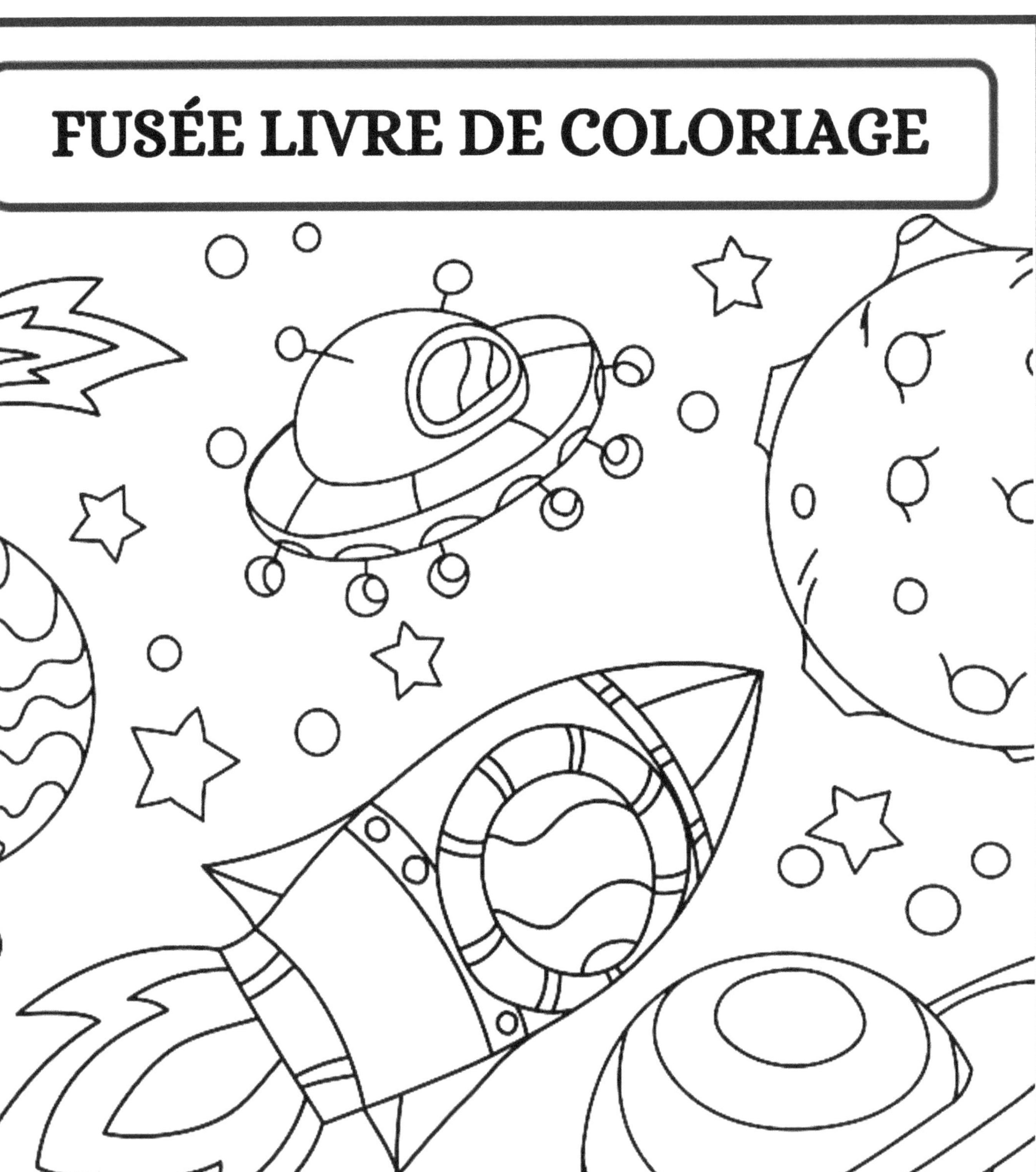

FUSÉE LIVRE DE COLORIAGE

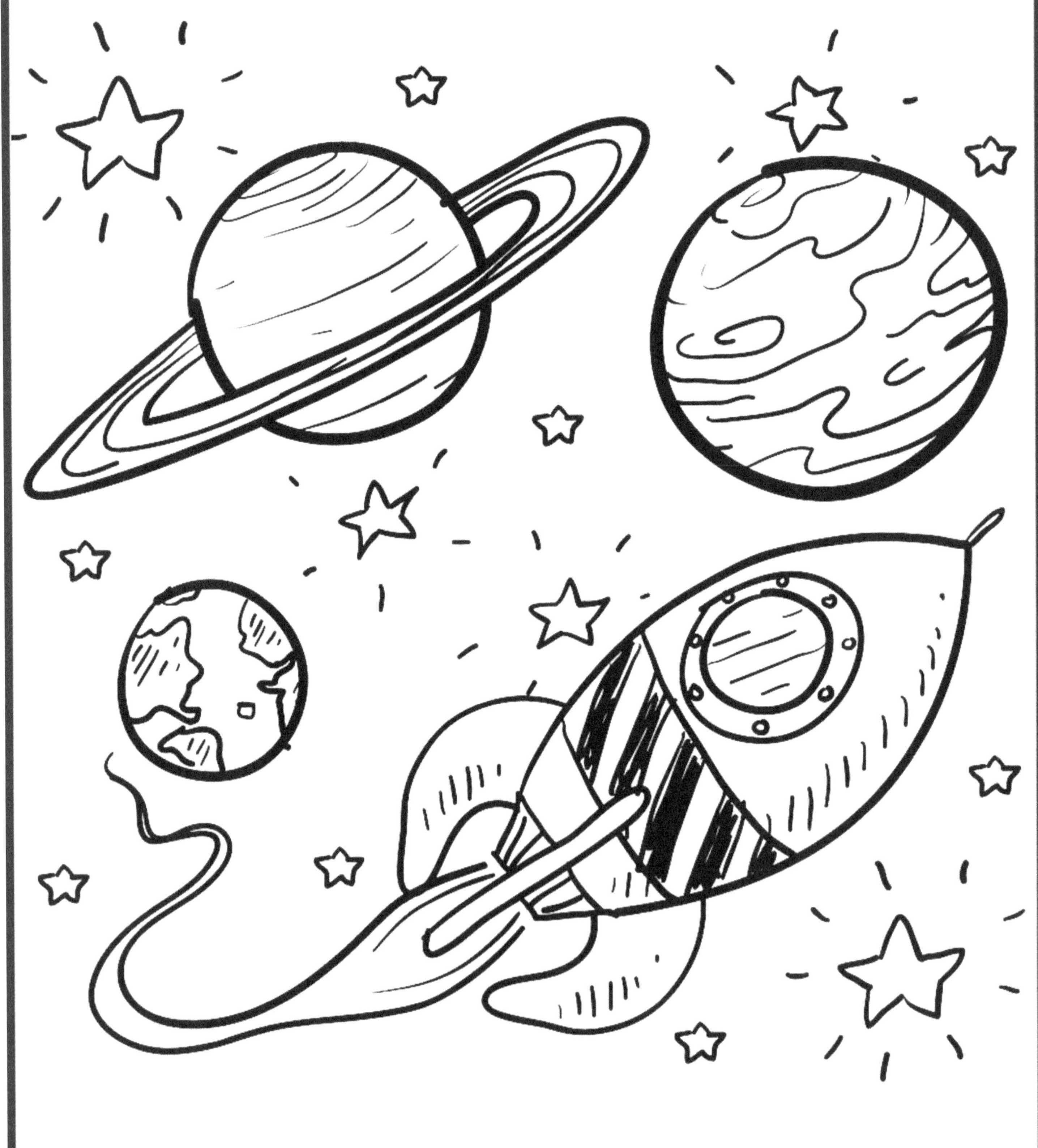

FUSÉE LIVRE DE COLORIAGE

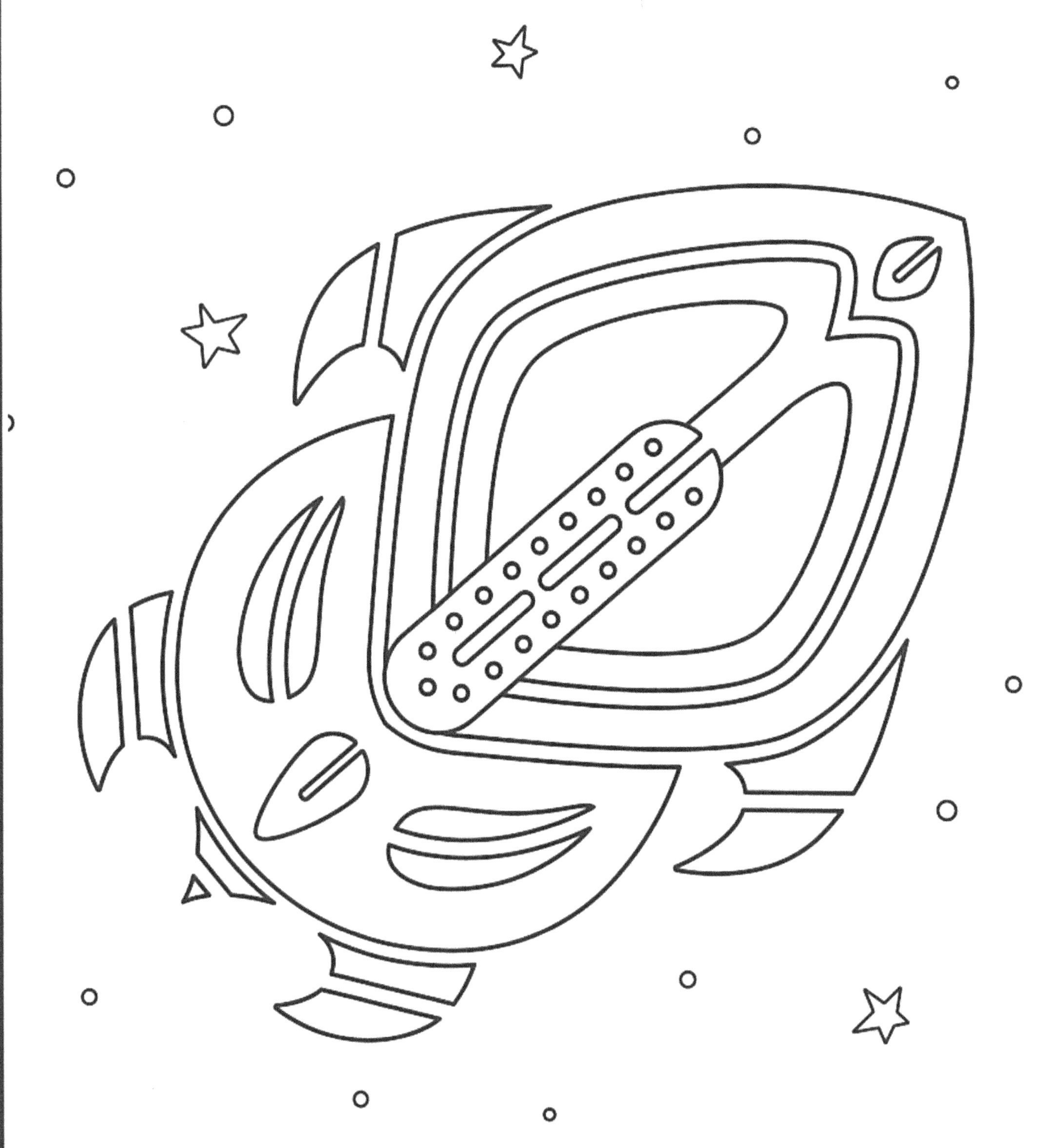

FUSÉE LIVRE DE COLORIAGE

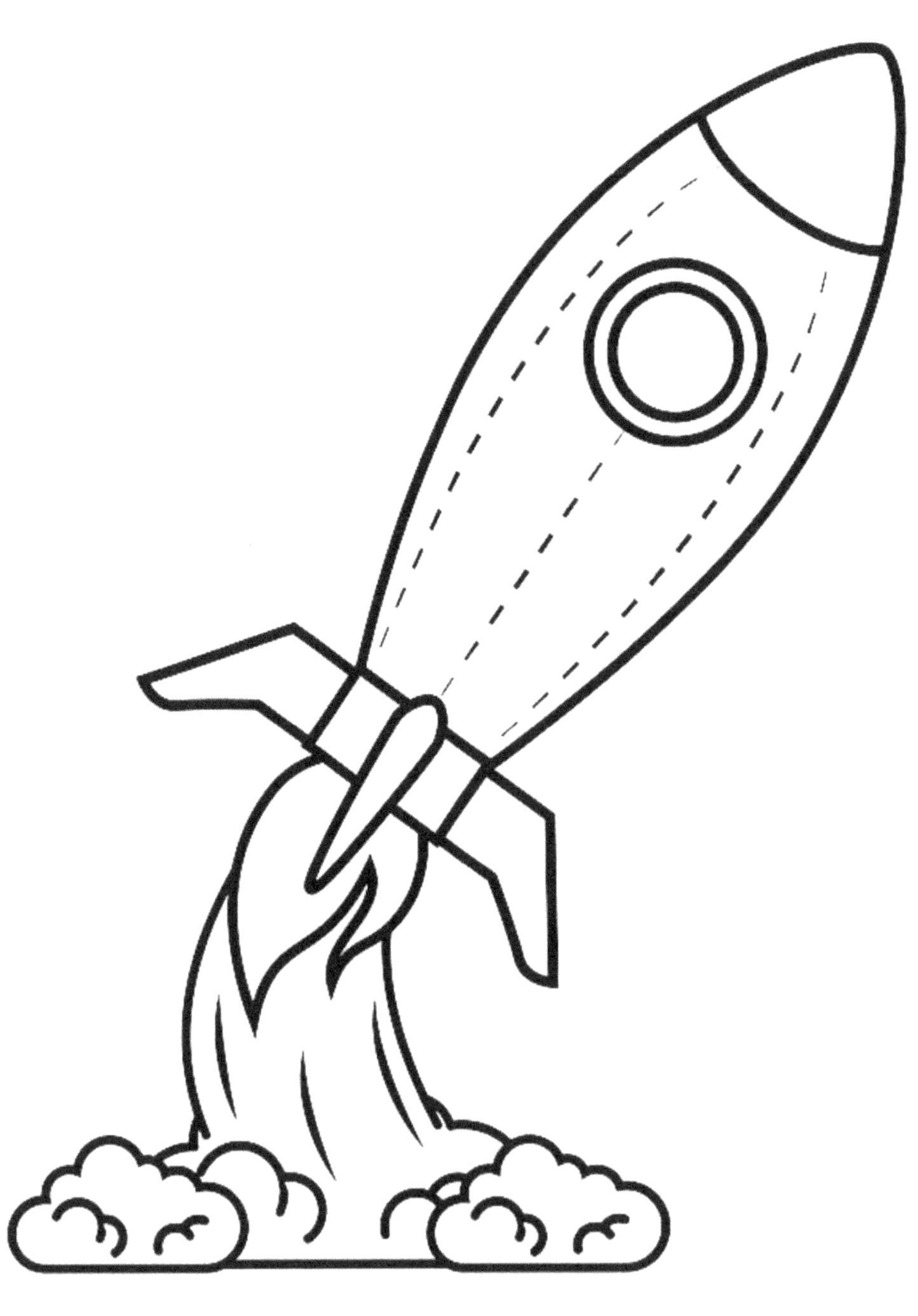

FUSÉE LIVRE DE COLORIAGE

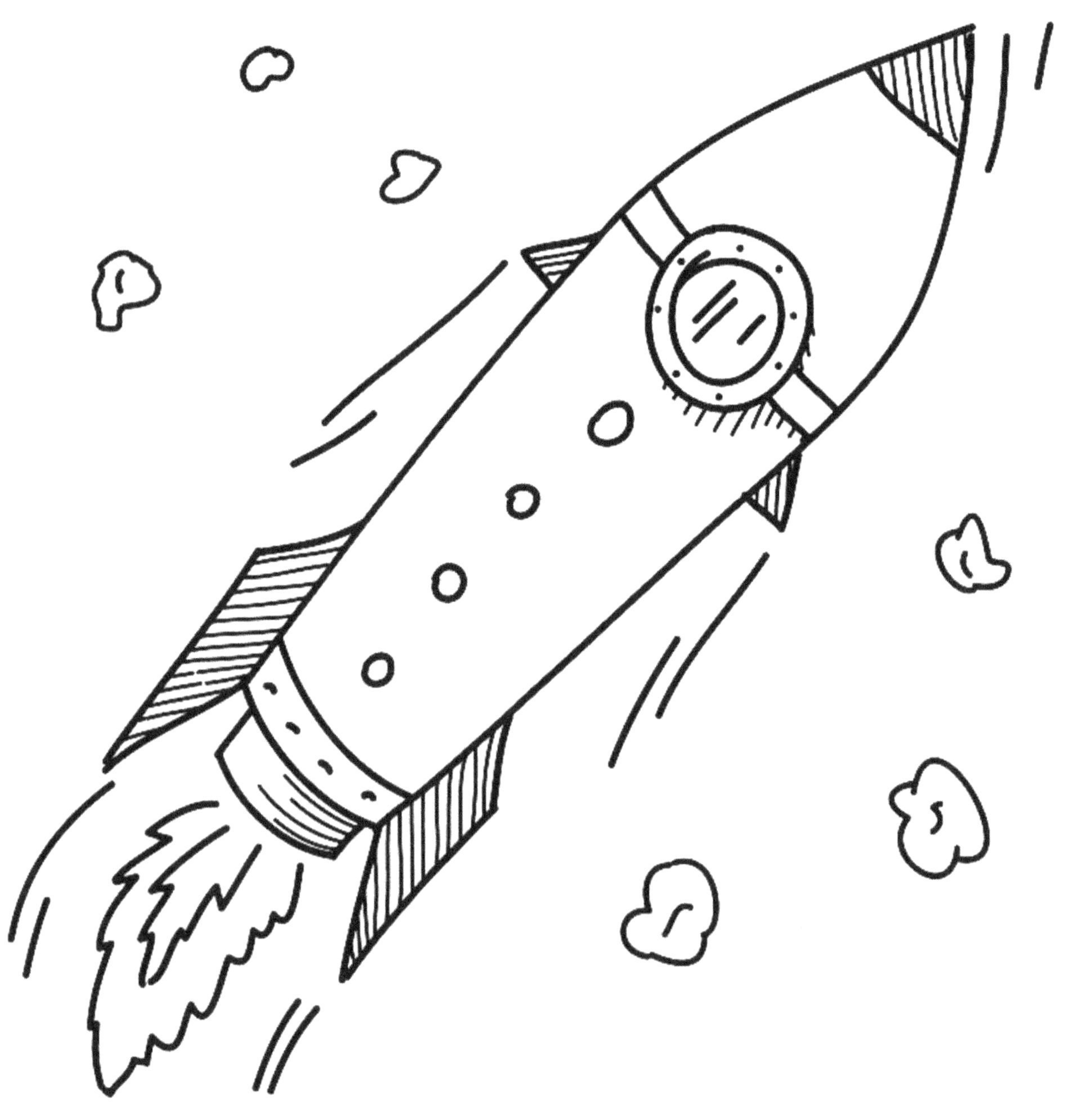

FUSÉE LIVRE DE COLORIAGE

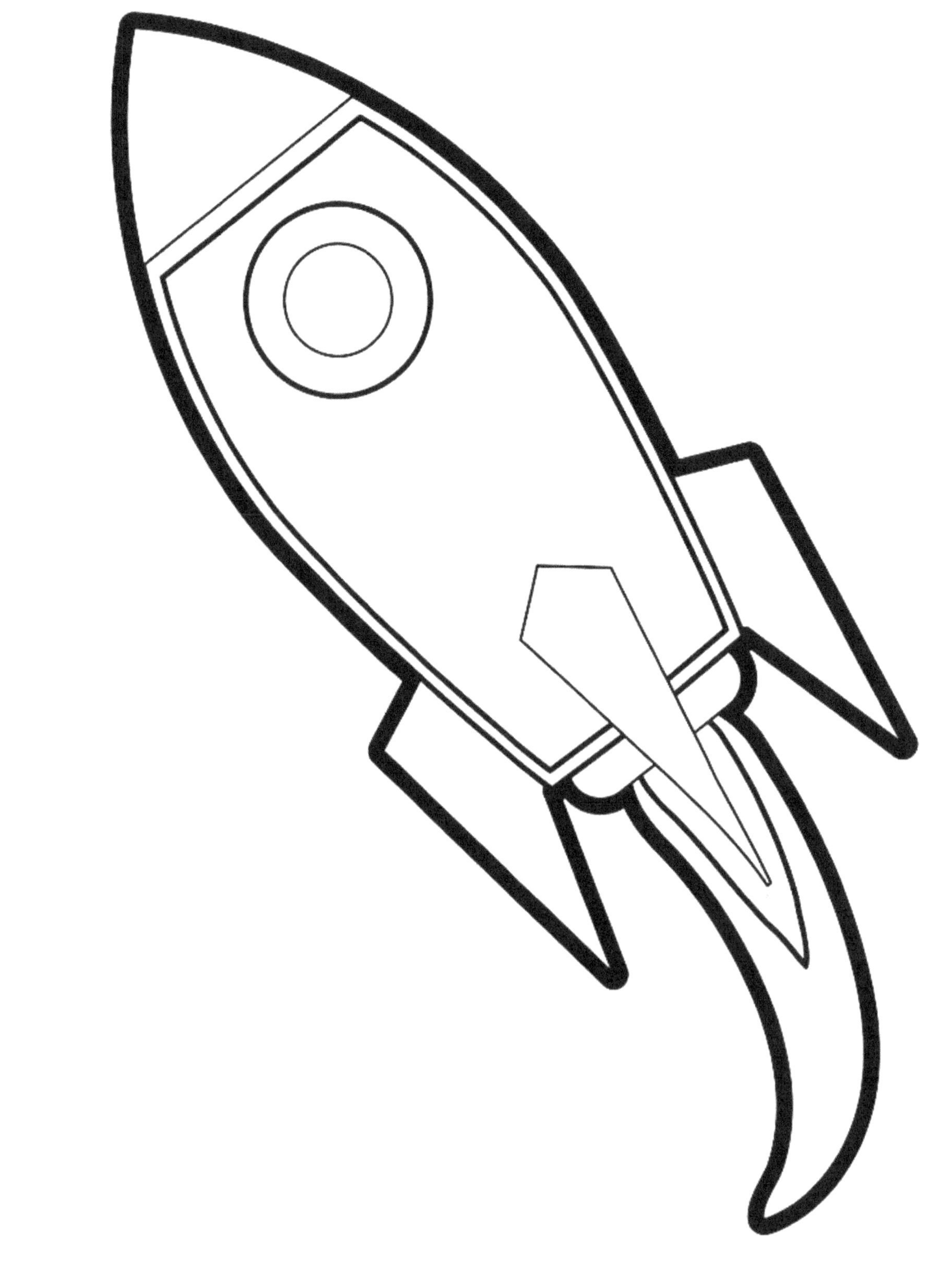

FUSÉE LIVRE DE COLORIAGE

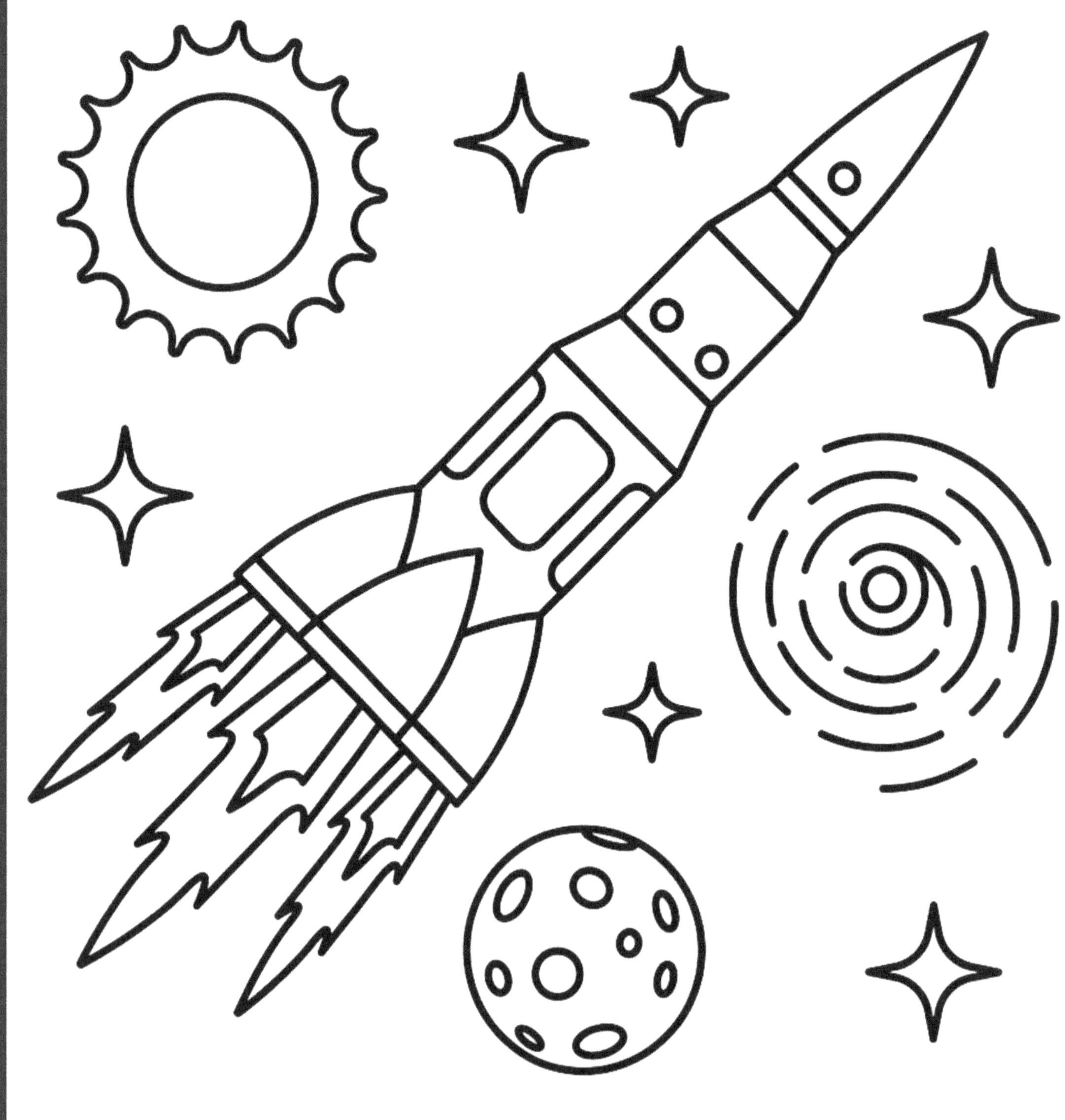

FUSÉE LIVRE DE COLORIAGE

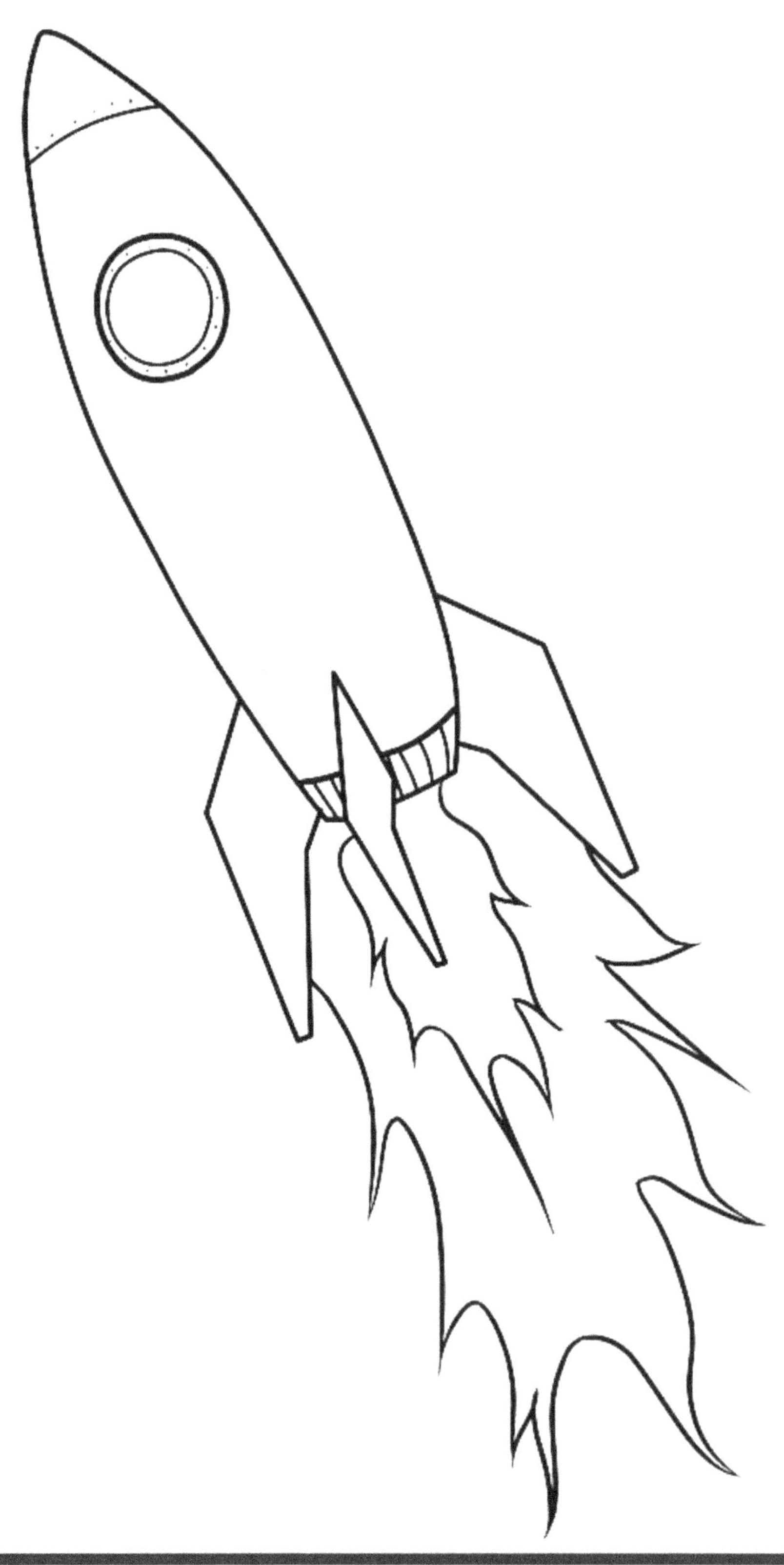

FUSÉE LIVRE DE COLORIAGE

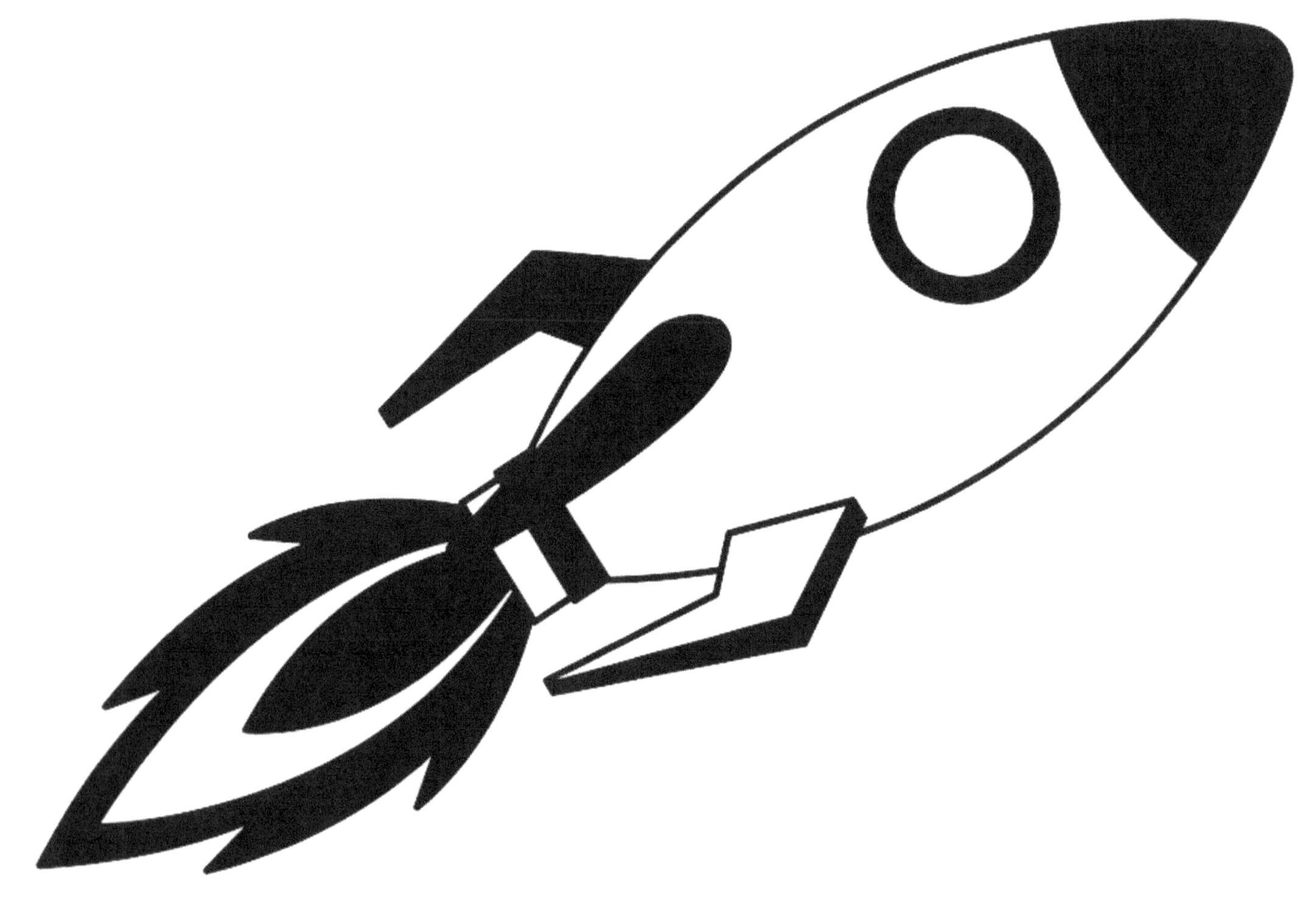

FUSÉE LIVRE DE COLORIAGE

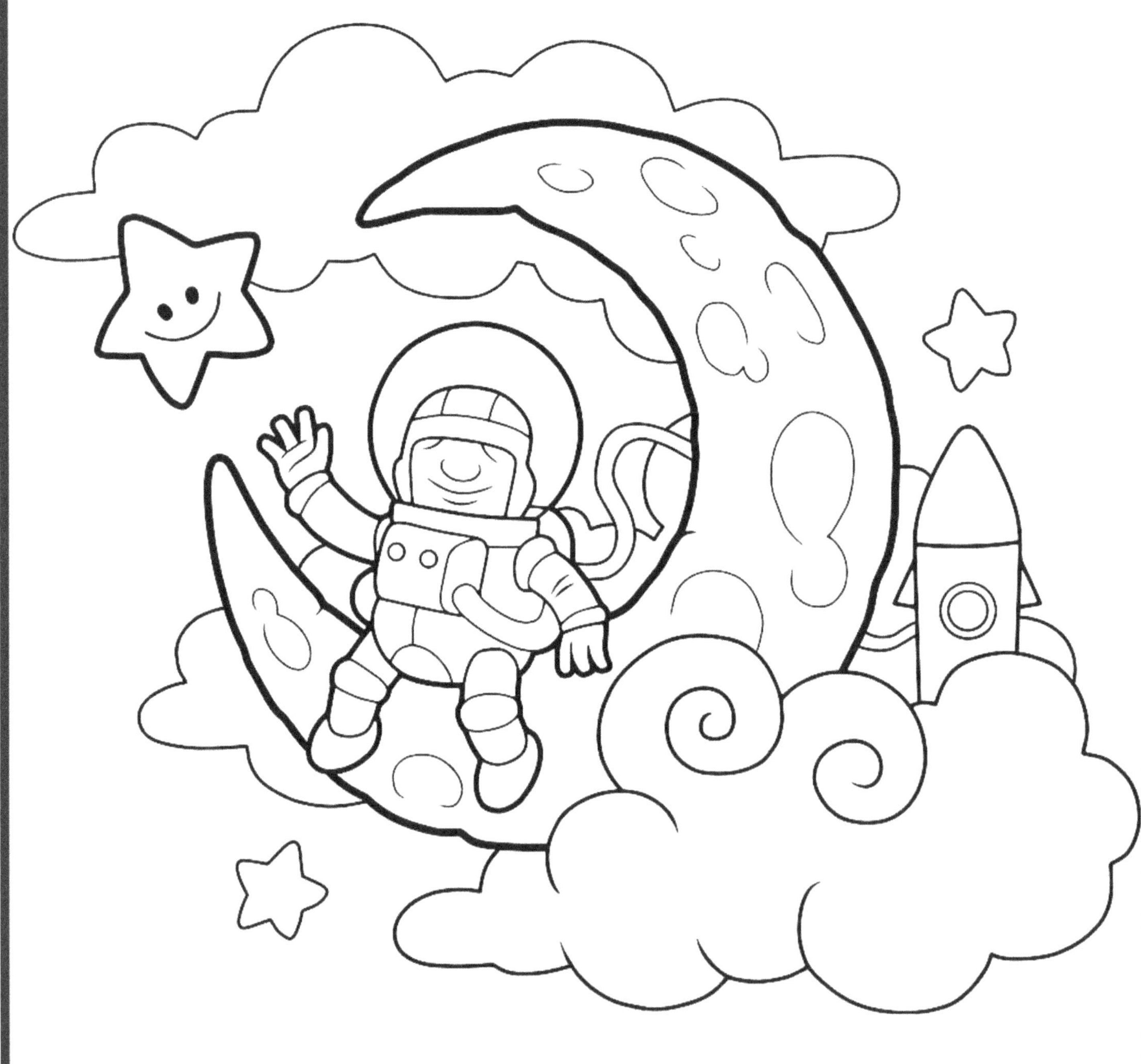

FUSÉE LIVRE DE COLORIAGE

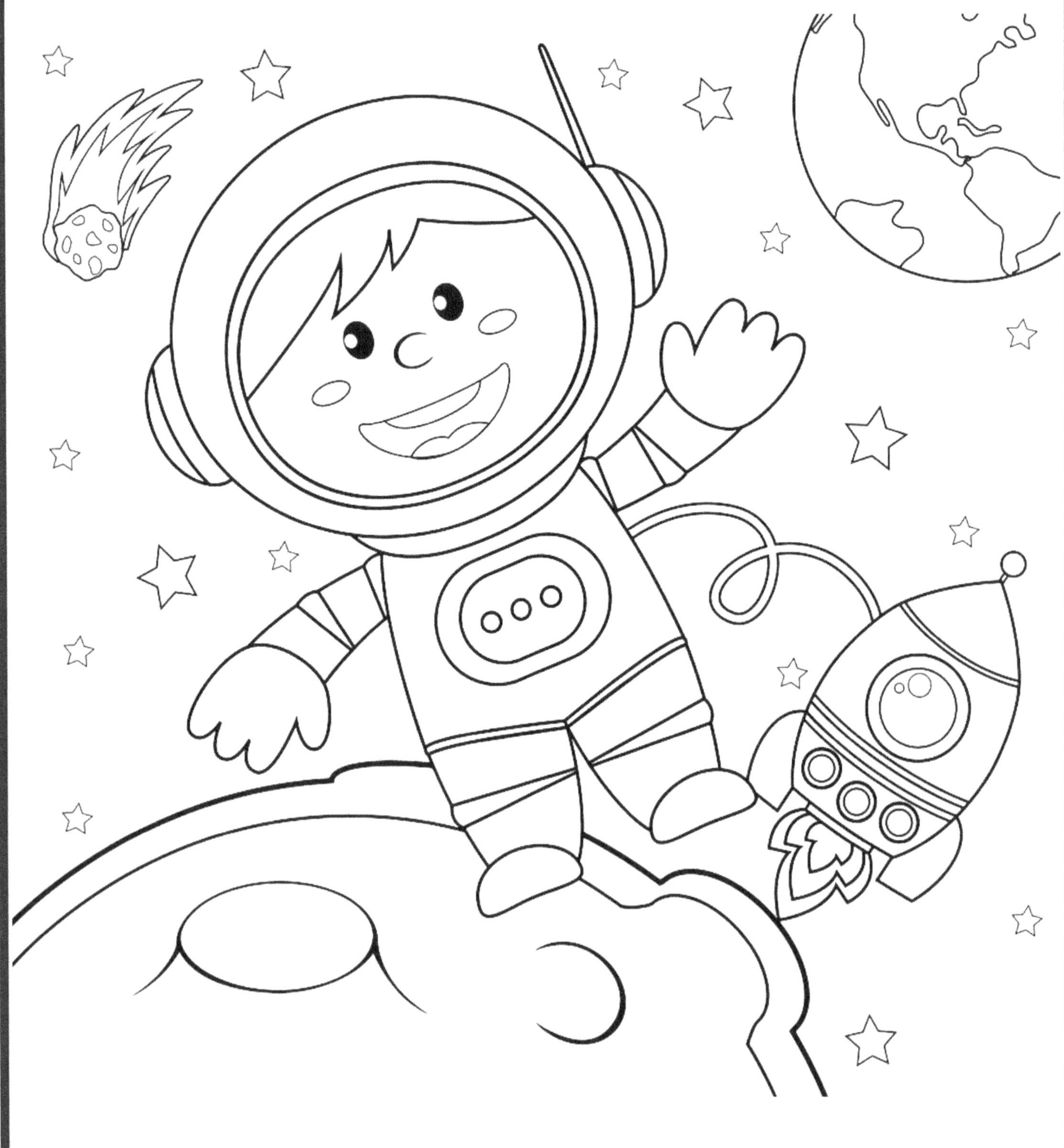

FUSÉE LIVRE DE COLORIAGE

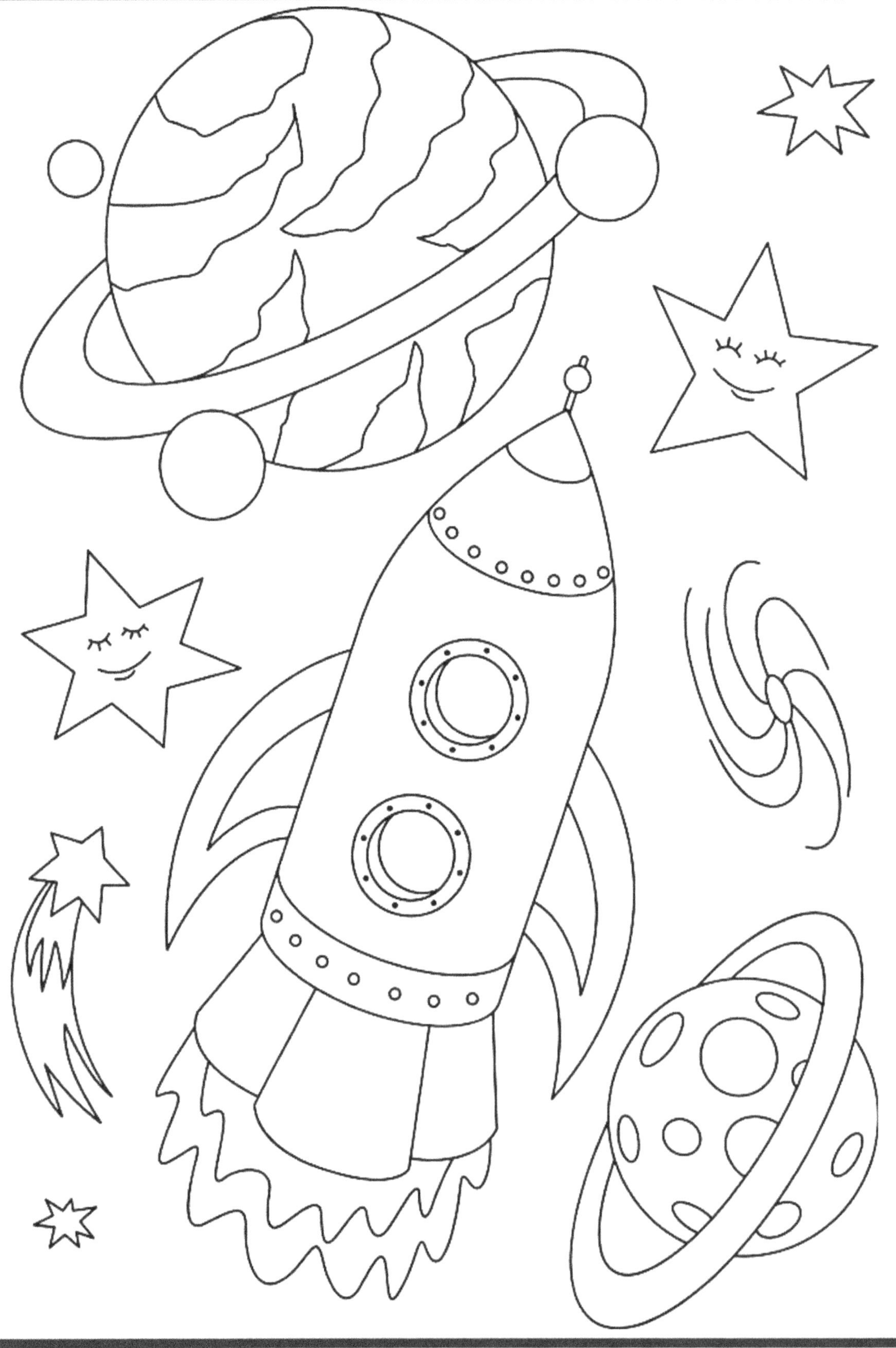

FUSÉE LIVRE DE COLORIAGE

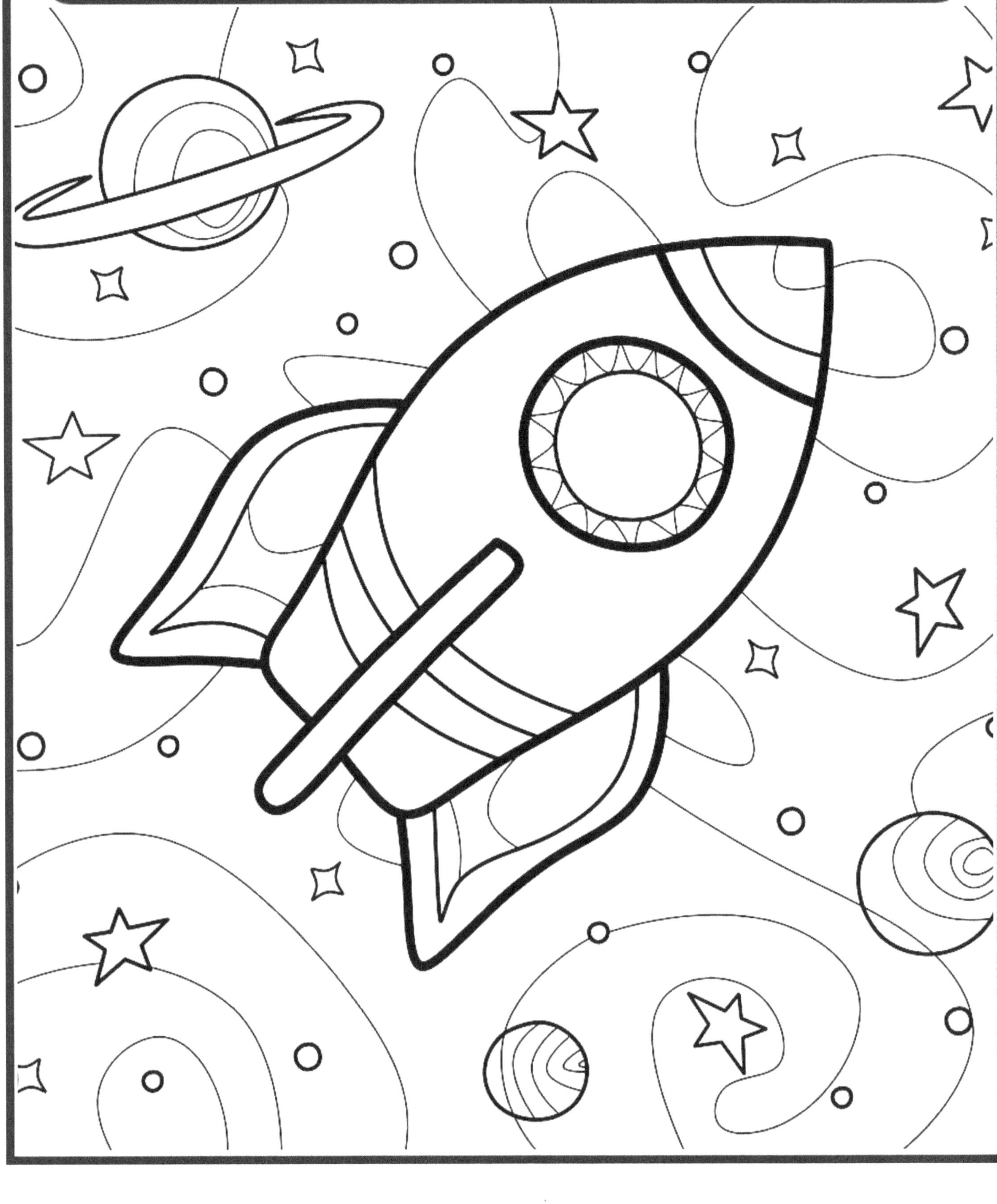

FUSÉE LIVRE DE COLORIAGE

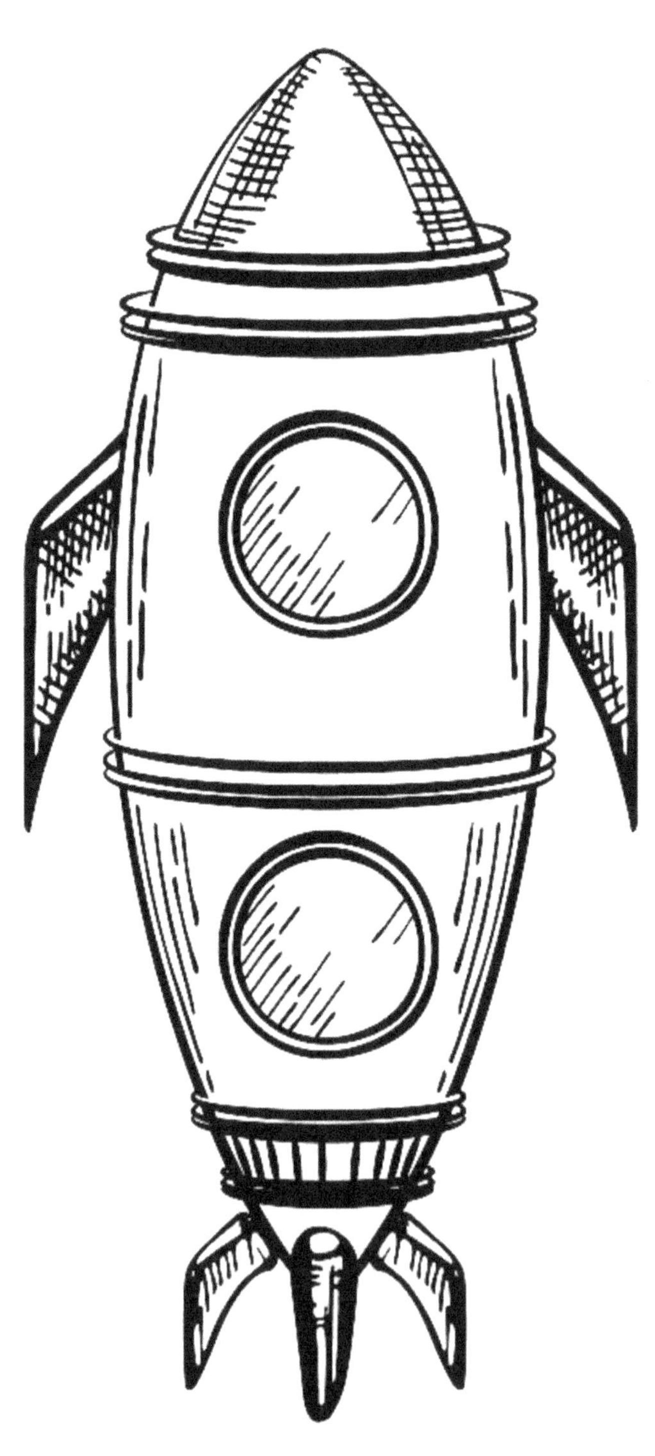

FUSÉE LIVRE DE COLORIAGE

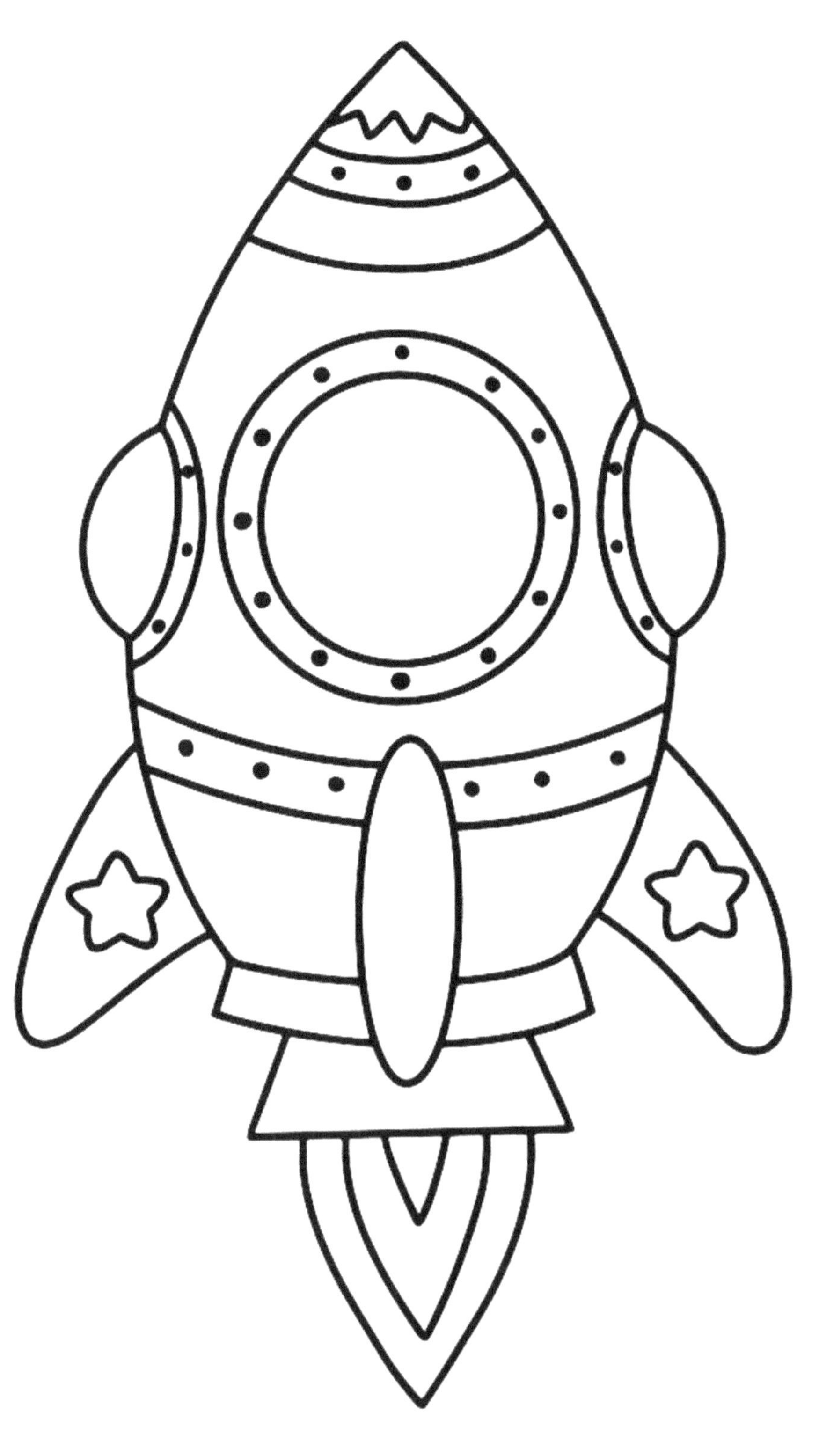

FUSÉE LIVRE DE COLORIAGE

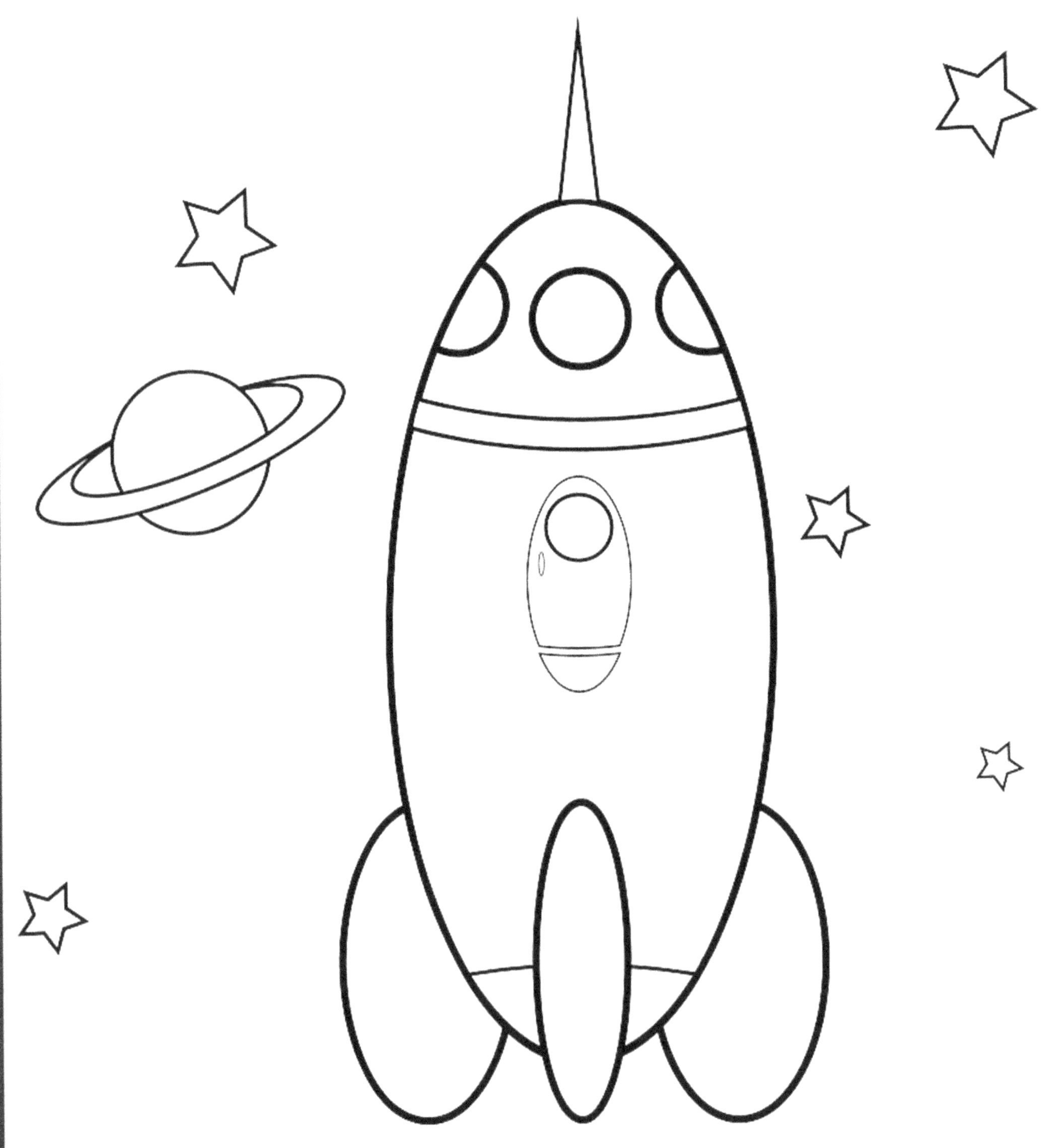